# Die besten Quarkkuchen

Weltbild

# Inhalt

# Quark – der sanfte Verführer

Quarkkuchen erfreuen die Genießer! Sie präsentieren sich süß und sanft oder deftig und saftig. Quarkkuchen regen die Küchenfantasie an. Das Multitalent Quark macht das Backwerk saftig und locker, gibt Cremes eine schaumige Konsistenz – und ist obendrein gesund. Der Fitmacher verträgt sich hervorragend mit Süßem: Mit frischen Früchten, Beeren oder Rosinen zeigt er sich von seiner sanften Seite. Würzig und herzhaft geht es zu, wenn Quark mit aromatischen Gemüsen, Kräutern und Käse kombiniert wird. Als feine Füllung hat er seinen Auftritt in Quarktaschen oder Windbeuteln, verführerisch zart und schön gibt er sich als Torte mit Marzipanröllchen, Kokosnüssen und Fliederbeeren.
Quark gehört zur Familie der Frischkäse. Ricotta und Mascarpone sind seine Verwandten. Quark gibt es in drei Fettstufen: als Magerquark mit 10 Prozent, als halbfetter Quark mit 20 Prozent und als Sahnequark mit 40 Prozent. Dieser weiße Küchenverführer beschert uns schmackhafte, sanfte, geschmeidige und bekömmliche Schlemmereien. Und was besonders schön ist: Er hat das ganze Jahr über Saison. Viel Freude beim Ausprobieren der folgenden Rezepte.

# Kleines Backwerk

## Rosinenbrötchen

50 g Rosinen
2 EL Rum
50 g Butter
50 g Zucker
1 TL abgeriebene Zitronenschale
1 Prise Salz
100 ml Milch
300 g abgetropfter Speisequark
500 g Mehl
1 1/2 Päckchen Backpulver
100 g gehackte Mandeln

**Außerdem**

Etwas Milch

Die Rosinen mit Rum beträufeln. In einer Schüssel Butter und Zucker schaumig schlagen. Zitronenschale, Salz, Milch und nach und nach den Quark einrühren. Mehl und Backpulver vermischen, auf die Quarkmasse sieben. Die Mandeln und Rosinen zugeben, alles zu einem glatten Teig verkneten. Auf bemehlter Fläche Brötchen formen und mit Milch bestreichen. Ein Backblech einfetten, die Brötchen auflegen und im vorgeheizten Backofen bei 180 °C (Gas Stufe 2, Umluft 160 °C) etwa 30 Minuten backen.

**Variante:** Herzhaft werden diese saftigen Brötchen, wenn Sie Rosinen, Rum, Zucker und Zitronenschale ersetzen durch 3–4 EL gehackte Kräuter oder 150 g gehackte, in Butter geröstete Zwiebeln.

## Quarkwaffeln

100 g weiche Butter
100 g Zucker
1 Päckchen Vanillezucker
4 Eier (getrennt)
100 ml Sahne
4 EL Milch
200 g abgetropfter Speisequark
200 g Mehl
30 g Speisestärke
1 Prise Salz

**Außerdem**
Puderzucker

Butter, Zucker und Vanillezucker schaumig schlagen. Eigelb, Sahne, Milch und nach und nach den Quark einrühren. Mehl und Speisestärke vermischen und nach und nach einrühren. Das Eiweiß mit dem Salz steif schlagen und unterheben. Den Teig portionsweise in ein gefettetes Waffeleisen füllen, glatt streichen, goldbraun backen, herausnehmen und zum Auskühlen auf ein Kuchengitter geben. Mit Puderzucker bestäuben.

☞ Waffeln zum Auskühlen unbedingt nebeneinander legen. Wenn sie übereinander liegen, werden sie pappig.

☞ Besonders gut schmecken die Waffeln, wenn sie mit einer fruchtigen Quarkcreme bestrichen werden. Dafür 5 Blatt weiße Gelatine in kaltem Wasser einweichen, tropfnass in einen kleinen Topf geben und bei milder Hitze auflösen.

In einer großen Schüssel 3 Eigelb mit 3 EL Puderzucker, 200 g pürierten Erdbeeren, 125 g Speisequark, 125 g Doppelrahm-Frischkäse, der aufgelösten Gelatine und 1 EL Obstgeist gut verrühren. Sobald die Masse fest wird, 1/8 l steif geschlagene Sahne und 3 steif geschlagene Eiweiß langsam unterheben. Danach die Creme kalt stellen.

## Blätterteigtaschen

400 g Blätterteig
1 Eiweiß
**Für die Füllung**
500 g abgetropfter Speisequark
100 g Zucker
1 TL abgeriebene, unbehandelte Zitronenschale
2 Eigelb
1 EL Speisestärke
3 EL gewaschene Sultaninen
3 EL gehackte Mandeln

Den Blätterteig auftauen und auf bemehlter Fläche ausrollen. Quadrate von 12 cm Kantenlänge schneiden, die Ränder mit Eiweiß bestreichen. Für die Füllung den Quark in eine Schüssel geben und mit dem Zucker, der Zitronenschale, Eigelb, Speisestärke, Sultaninen und Mandeln verrühren. Jeweil 1 EL von der Quarkmasse auf ein Blätterteigquadrat geben und den Teig zum Dreieck zusammenklappen. Die Ränder mit den Zinken einer Gabel festdrücken. Ein Backblech mit Backpapier auslegen, die Blätterteigtaschen auflegen und im vorgeheizten Backofen bei 200 °C (Gas Stufe 3, Umluft 180 °C) etwa 20 Minuten backen.

## Plunderhörnchen

600 g Mehl
40 g Hefe
100 g Zucker
200 ml Milch
1 Ei
1/2 TL Salz
250 g Butter
1/2 TL abgeriebene, unbehandelte Zitronenschale

**Für die Füllung**
250 g abgetropfter Speisequark
1 TL abgeriebene, unbehandelte Orangenschale
80 g Zucker

**Außerdem**
2 Eigelb

Das Mehl in eine Schüssel sieben, in die Mitte eine Vertiefung drücken. Die Hefe und 1 TL Zucker in 100 ml lauwarmer Milch verrühren, in die Vertiefung gießen, etwas Mehl vom Rand zufügen. Einen breiartigen Vorteig bereiten. Zugedeckt 20 Minuten gehen lassen. Auf dem Mehlrand den restlichen Zucker, Ei, Salz, 70 g Butter in Flöckchen und die Zitronenschale verteilen. Von der Mitte her die Zutaten verkneten, dabei die restliche Milch zugeben. Den Teig durchkneten, bis er sich vom Schüsselboden löst. Zugedeckt 45 Minuten gehen lassen.

Die restliche Butter dünn zu einer Platte von 20 x 30 cm ausrollen. Kalt stellen. Den Teig ausrollen, die Butterplatte in die Mitte legen, die Teigränder darüberschlagen, das Teigstück zu doppelter Größe ausrollen und dreiteilig zusammenschlagen. Den Vorgang nach Ruhepausen von jeweils 10 Minuten noch zweimal wiederholen. Dann aus dem ausgerollten Teig Rechtecke von 10 x 12 cm ausschneiden. Quark, Orangenschale und Zucker verrühren. In die Mitte der Rechtecke jeweils 2 TL Quarkmasse geben. Die Teighälften übereinander klappen und zusammendrücken. Zu Hörnchen biegen. Das Eigelb mit 1 EL Wasser verrühren, die Hörnchen damit bestreichen. Ein Backblech einfetten, die Hörnchen daraufgeben und im vorgeheizten Backofen bei 200 °C (Gas Stufe 3, Umluft 180 °C) etwa 25 Minuten backen.

# Kartoffel-Quark-Hörnchen

300 g Kartoffeln
250 g Mehl
1 EL Speisestärke
125 g Zucker
3 Eier
80 g weiche Butter
1 Päckchen Backpulver

**Für die Füllung**
200 g Aprikosenkonfitüre
300 g Speisequark
2 EL Zucker
2 EL Crème fraîche

**Außerdem**
100 g flüssige Butter
100 g Zucker

Die Kartoffeln in der Schale kochen, pellen, durch die Kartoffelpresse drücken und auskühlen lassen. In eine Schüssel geben. Mit zwei Gabeln auflockern und mit Mehl, Speisestärke, Zucker, Eiern, Butter und Backpulver verkneten. Auf bemehlter Fläche ausrollen und Quadrate von 18 x 18 cm schneiden. Mit Konfitüre bestreichen. Sahnequark, Zucker und Crème fraîche verrühren. Jeweils einen Klecks auf die Quadrate geben. Von einer Spitze beginnend aufrollen und zu Hörnchen biegen. Ein Backblech einfetten, die Hörnchen darauf geben und im vorgeheizten Backofen bei 200 °C (Gas Stufe 3, Umluft 180 °C) etwa 25 Minuten backen. Herausnehmen, mit zerlassener Butter bestreichen und mit Zucker bestreuen.

# Süße Piroggen

**Für den Teig**
500 g Mehl
30 g Hefe
100 g Zucker
1/4 l Milch
1 TL abgeriebene, unbehandelte Zitronenschale

**Für die Füllung**
100 g weiche Butter
400 g Speisequark
2 Eigelb
6 EL Sahne
5 EL Rosenwasser
1 Päckchen Mandel-Puddingpulver
100 ml Milch
50 g gemahlene Mandeln

**Außerdem**
1 Eiweiß
2 Eigelb

Das Mehl in eine Schüssel sieben, in die Mitte eine Vertiefung drücken. Die Hefe mit 1 TL Zucker in etwas lauwarmer Milch verquirlen, in die Vertiefung gießen, etwas Mehl vom Rand dazu geben und einen breiartigen Vorteig herstellen. Zugedeckt 20 Minuten an einem warmen Ort gehen lassen. Auf dem Mehlrand den restlichen Zucker und die Zitronenschale verteilen. Von der Mitte her die Zutaten zu einem glatten Teig verkneten, dabei die restliche Milch zugeben. 30 Minuten gehen lassen.
Butter, Quark, Eigelb, Sahne und Rosenwasser verrühren. Das Puddingpulver in der Milch glatt rühren und mit den Mandeln unter die Quarkmasse mischen.

Den Teig durchkneten, auf bemehlter Fläche 3–4 mm dick ausrollen. Kreise von 14 cm Durchmesser ausstechen. Die Teigränder mit Eiweiß bestreichen. Auf die Teigkreise jeweils 1 EL von der Quarkmasse geben, zu Halbkreisen zusammenklappen und den Rand mit einer Gabel fest zusammendrücken, so dass ein Muster entsteht. Das Eigelb mit etwas Wasser verrühren und die Piroggen damit bestreichen. Ein Backblech mit Backpapier auslegen, die Piroggen darauf legen und im vorgeheizten Backofen bei 200 °C (Gas Stufe 3, Umluft 180 °C) etwa 12 Minuten backen.

☞ Rosenwasser gibt Backwerk ein interessantes Aroma. Man kann es leicht selbst herstellen, wenn man 125 g frisch gepflückte, stark duftende Rosenblütenblätter vom bitteren Stielansatz befreit, in eine Schüssel legt und mit 1/2 l leicht erwärmtem Wasser übergießt. Nach zwei Tagen seiht man die Flüssigkeit durch ein Leinentuch. Wer den Aufwand scheut, kann Rosenwasser in der Apotheke kaufen.

## Safranbrezeln

100 g Sultaninen
50 g Korinthen
2 EL Rum
500 g Mehl
30 g Hefe
2 EL Zucker
180 ml Milch
150 g abgetropfter Speisequark
2 EL saure Sahne
2 Eier
80 g Butter
1 kräftige Prise gemahlener Safran

**Außerdem**

1 Eigelb
150 g Puderzucker
2 EL Zitronensaft

Sultaninen und Korinthen waschen, abtropfen lassen und mit Rum beträufeln. Das Mehl in eine Schüssel sieben, in der Mitte eine Vertiefung bilden. Die Hefe mit dem Zucker in etwas lauwarmer Milch verquirlen, in die Mulde gießen, etwas Mehl vom Rand zufügen und einen breiartigen Vorteig rühren. Zugedeckt 20 Minuten gehen lassen. Auf dem Mehlrand Quark, saure Sahne, Eier und Butter in Flöckchen verteilen. Den Safran in 1 EL lauwarmem Wasser verrühren und ebenfalls auf den Mehlrand geben. Von der Mitte her alle Zutaten zu einem glatten Teig verkneten. Zugedeckt 45 Minuten gehen lassen. Den Teig erneut durchkneten, Rollen formen und zu Brezeln legen. Ein Backblech einfetten, die Brezeln auflegen, mit verquirltem Eigelb bestreichen und im vorgeheizten Backofen bei 200 °C (Gas Stufe 3, Umluft 180 °C) etwa 20 Minuten backen. Herausnehmen und auskühlen lassen. Den Puderzucker mit dem Zitronensaft verrühren und die Brezeln damit glasieren.

## Früchtequark in Tüten

4 Eier (getrennt)
200 g Zucker
1 Päckchen Vanillezucker
1 Prise Salz
100 g Mehl
125 g Speisestärke
1 TL Backpulver

**Für die Füllung**

1/4 l Sahne
200 g abgetropfter Speisequark
1 EL fein geschnittene Minze
2 EL Zucker

**Außerdem**

500 g Erdbeeren
Minzeblättchen
Orangenschale

In einer Schüssel das Eigelb und 2 EL lauwarmes Wasser schaumig schlagen. Nach und nach Zucker und Vanillezucker zufügen und rühren, bis die Masse cremig ist. Das Eiweiß mit dem Salz steif schlagen und unter die Eigelbmasse heben. Mehl, Speisestärke und Backpulver vermischen, auf die Eimasse sieben und unterziehen.

Aus Backpapier tellergroße Kreise schneiden und halbieren. Drei Kelchgläser bereitstellen. Je drei Papierhalbkreise auf ein Backblech legen und dünn mit dem Teig bestreichen. Im vorgeheizten Backofen bei 180 °C 4–5 Minuten backen. Die Teighalbkreise sofort vom Papier lösen und in ein Glas gleiten lassen, so dass sich Tütchen formen. Etwas abkühlen lassen. Dann die Tüten herausziehen und auf ein Kuchengitter legen. Für die Füllung die Sahne steif schlagen. Den Quark mit Minze und Zucker verrühren, dann die Sahne unterheben. Die Erdbeeren waschen und putzen. Die Tüten mit der Creme füllen und mit Erdbeeren, Minze und streifig geschnittener Orangenschale verzieren. Sofort servieren.

## Erdbeerröllchen

125 g Butter
50 g Zucker
50 g Blütenhonig
100 g Mehl
1/2 TL gemahlener Ingwer
3 EL Weinbrand

**Für die Füllung**

250 g Erdbeeren
125 g abgetropfter Speisequark
1 EL Zucker
300 ml Sahne

**Außerdem**

Puderzucker
Weiche Butter

Die Butter in einem Topf zum Schmelzen bringen. Zucker und Honig zugeben. Auf kleiner Flamme rühren, bis sich der Zucker aufgelöst hat. Den Topf vom Herd nehmen, die Masse auskühlen lassen. Das Mehl portionsweise einsieben und alles glatt rühren. Ingwer und Weinbrand zugeben. Ein Backblech mit Backpapier auslegen. Mit einem Teelöffel im Abstand von 10 cm Teighäufchen auf das Blech geben. Im vorgeheizten Backofen bei 200 °C (Gas Stufe 3, Umluft 180 °C) 8–10 Minuten backen. Die Teigkreise noch warm um den Griff eines mit Butter eingefetteten Kochlöffels wickeln. Etwas abkühlen lassen, dann die Röllchen abstreifen und auf ein Kuchengitter legen.

Kurz vor dem Servieren die Erdbeeren waschen, putzen und klein schneiden. Den Quark mit Zucker schaumig schlagen. Die Sahne steif schlagen und mit den Erdbeeren unter den Quark mischen. Die Masse in einen Spritzbeutel mit Sterntülle geben und die Röllchen damit füllen. Mit Puderzucker bestäuben und sofort servieren.

# Liebesknochen

80 g Butter
1 Prise Salz
1 TL Zucker
125 g Mehl
30 g Speisestärke
4 Eier

**Für die Füllung**

1 Mango
3 EL Orangenlikör
100 g Zucker
200 g abgetropfter Speisequark
1/4 l Sahne

**Für die Glasur**

200 g Puderzucker
3 EL Mangosaft
1 TL weiche Butter

Für den Teig in einem Topf 1/4 l Wasser, Butter, Salz und Zucker zum Kochen bringen. Vom Herd nehmen. Mehl und Speisestärke auf einmal hineingeben, wieder auf den Herd setzen und bei kleiner Hitze rühren, bis sich die Masse als Kloß vom Topfboden löst. Die Masse in eine Schüssel geben, nacheinander die Eier einarbeiten.
Ein Backblech mit Backpapier auslegen. Den Teig in einen Spritzbeutel mit großer Sterntülle füllen und 10 cm lange Streifen auf das Backpapier spritzen. Im vorgeheizten Backofen bei 200 °C (Gas Stufe 3, Umluft 180 °C) etwa 25 Minuten goldgelb backen. Herausnehmen und auskühlen lassen. Die Liebesknochen waagerecht halbieren.

Für die Füllung die Mango schälen, der Länge nach bis auf den Stein einschneiden und das Fruchtfleisch in Spalten abtrennen. Die Spalten klein schneiden und mit Orangenlikör beträufeln. In einer Schüssel Zucker und Quark schaumig rühren. Die Sahne steif schlagen und mit den Mangostücken unter die Quarkmasse heben. Die Liebesknochen damit füllen.
Für die Glasur den Puderzucker sieben und mit dem Mangosaft und der Butter glatt rühren. Die Liebesknochen damit überziehen.

## Windbeutel

60 g Butter
1 Prise Salz
1 TL Zucker
1 Päckchen Vanillezucker
180 g Mehl
4 Eier
**Für die Füllung**
4 Blatt weiße Gelatine
3 Eier (getrennt)
3 EL Puderzucker
$^1/_8$ l Orangensaft
200 g abgetropfter Speisequark
125 g Doppelrahm-Frischkäse
200 ml Sahne
Orangenfilets von 4 Orangen
**Für die Glasur**
200 g Puderzucker
3 EL Zitronensaft
1 TL weiche Butter

Für den Teig in einem Topf 1/4 l Wasser, Butter, Salz, Zucker und Vanillezucker zum Kochen bringen. Vom Herd nehmen, sofort Mehl auf einmal hineingeben, wieder auf den Herd setzen und bei kleiner Hitze kräftig rühren, bis sich die Masse als Kloß vom Topfboden löst. Die Masse in eine Schüssel geben und die Eier einzeln einrühren.

Ein Backblech mit Backpapier auslegen. Den Teig in einen Spritzbeutel mit großer Sterntülle füllen und Teighäufchen auf das Backpapier spritzen. Im vorgeheizten Backofen bei 200 °C (Gas Stufe 3, Umluft 180 °C) etwa 25 Minuten backen. Herausnehmen und waagerecht durchschneiden.

Für die Füllung die Gelatine in kaltem Wasser einweichen, tropfnass in einen kleinen Topf geben und bei mäßiger Hitze auflösen. Das Eigelb in eine Schüssel geben und mit dem Puderzucker verrühren. Orangensaft unterrühren und nach und nach den Quark und den Frischkäse untermischen. Die Gelatine unterrühren und kalt stellen. Sobald die Masse fest wird, die Sahne steif schlagen und unterheben, das Eiweiß steif schlagen und ebenfalls unterheben. Die Windbeutel mit der Quark-Sahne und den Orangenfilets füllen.

Für die Glasur Puderzucker, Zitronensaft und Butter verrühren, die Windbeutel damit überziehen.

**Variante:** Als Füllung eignet sich auch eine Zitronencreme. Dafür 300 g Speisequark mit 100 g Zucker, 3 EL Zitronensaft und 1 TL abgeriebener, unbehandelter Zitronenschale verrühren. 1/4 l Sahne steif schlagen und unterheben.

# Mohrenköpfe

4 Eier (getrennt)
125 g Zucker
1 Päckchen Vanillezucker
1 Prise Salz
100 g Mehl
30 g Speisestärke
1/2 TL Backpulver

**Für die Füllung**

5 Blatt rote Gelatine
300 g Erdbeeren
200 g abgetropfter Speisequark
200 g Ricotta
2 EL Zucker
1 EL Zitronensaft
1/4 l Sahne
1 Eiweiß
125 g Erdbeerkonfitüre

**Für die Glasur**

500 g Zartbitterkuvertüre

Das Eigelb mit 2 EL warmem Wasser schaumig schlagen. Zucker und Vanillezucker unterrühren. Das Eiweiß mit Salz zu steifem Schnee schlagen und unter die Eigelbmasse ziehen. Mehl, Speisestärke und Backpulver vermischen, auf die Eiermasse sieben und unterziehen. Nicht rühren! Den Teig in einen Spritzbeutel mit großer Lochtülle einfüllen.

Ein Backblech mit Backpapier auslegen und den Teig kuppelförmig aufspritzen. Im vorgeheizten Backofen bei 200 °C (Gas Stufe 3, Umluft 180 °C) etwa 15 Minuten backen. Herausnehmen, auskühlen lassen, die Kuchen waagerecht halbieren.

Die Kuvertüre zerkleinern und im heißen Wasserbad schmelzen. Die Gebäckhälften damit überziehen. Auf einem Kuchengitter gut trocknen lassen.

Währenddessen die Gelatine in kaltem Wasser einweichen. Die Erdbeeren waschen, putzen und zerkleinern. In einer Schüssel Quark, Ricotta, Zucker und Zitronensaft verrühren. Die Erdbeeren ebenfalls unterrühren. Die Gelatine ausdrücken und mit 1 EL Sahne in einem kleinen Topf bei milder Hitze auflösen, dann unter die Quarkmasse heben. Die restliche Sahne steif schlagen und unterheben. Das Eiweiß steif schlagen und ebenfalls unterheben. Die Quark-Sahne kalt stellen.

Die Schnittflächen der Mohrenköpfe mit Konfitüre bestreichen. Die abgekühlte Quarkmasse in einen Spritzbeutel mit Lochtülle füllen und auf die unteren Hälften der Gebäckstücke spritzen. Die oberen Hälften aufsetzen. Die Mohrenköpfe bis zum Servieren kalt stellen.

# Baisers mit Himbeeren und kandierten Rosenblütenblättern

**Für die Baisers**
6 Eiweiß
200 g Zucker
1 TL Zitronensaft
150 g gemahlene Mandeln
60 g Speisestärke
1 Päckchen Vanillezucker
**Für die Füllung**
5 Blatt weiße Gelatine
2 Eier (getrennt)
1 EL Puderzucker
Saft von 1/2 Zitrone
4 EL Himbeergeist
250 g abgetropfter Speisequark
125 g Ricotta
1/4 l Sahne
2 EL Zucker
500 g Himbeeren
200 g Himbeergelee
3 EL Himbeergeist
**Außerdem**
Kandierte Rosenblütenblätter (siehe Rezept S. 58)

Für die Baisers das Eiweiß schaumig schlagen, dabei etwas Zucker einrieseln lassen. Dann mit dem restlichen Zucker und dem Zitronensaft steif schlagen. Mandeln, Speisestärke und Vanillezucker vermischen und unter den Eischnee heben. Die Masse in einen Spritzbeutel mit Sterntülle füllen.
Ein Backblech mit Backpapier auslegen. Von der Baisermasse Nester von 8 cm Durchmesser auf das Papier

spritzen. Im vorgeheizten Backofen bei 120 °C (Gas Stufe 1/2, Umluft 100 °C) 60 Minuten backen. Im Ofen auskühlen lassen, dann vom Papier lösen.

Für die Füllung die Gelatine in kaltem Wasser einweichen. Das Eigelb mit Puderzucker, Zitronensaft und Himbeergeist im heißen Wasserbad cremig schlagen. Die ausgedrückte Gelatine hineingeben und auflösen. Quark und Ricotta einrühren. Kalt stellen. Sobald die Masse fest wird, die Sahne mit dem Zucker steif schlagen und unter die Quarkmasse ziehen. Danach das Eiweiß steif schlagen und ebenfalls unterheben. 30 Minuten kalt stellen.

Inzwischen die Himbeeren waschen und abtropfen lassen. Das Himbeergelee mit dem Himbeergeist erwärmen und auskühlen lassen. Dann die Quarkmasse in einen Spritzbeutel mit Lochtülle füllen und die Hälfte der Baisers mit der Quarksahne bespritzen. Die Himbeeren auf der Masse verteilen und mit dem Gelee überziehen. Jeweils zwei bis drei kandierte Rosenblütenblätter auflegen und die restlichen Baisers aufsetzen.

# Kirschtörtchen mit kandierten Robinienblüten

4 Eier (getrennt)
80 g Zucker
1 Päckchen Vanillezucker
1 Prise Salz
100 g Mehl
30 g Speisestärke

**Für die Füllung**
5 Blatt rote Gelatine
250 g Amarenakirschen
200 g abgetropfter Speisequark
150 g Ricotta
2 EL Zitronensaft
1/4 l Sahne
1 Eiweiß

**Außerdem**
Puderzucker
Kandierte Robinienblüten

Das Eigelb mit 2 EL warmem Wasser schaumig schlagen. Zucker und Vanillezucker einrühren. Eiweiß und Salz zu steifem Schnee schlagen, unter die Eigelbmasse ziehen. Mehl und Speisestärke vermischen, auf die Eimasse sieben und unterziehen. Nicht rühren!
Ein Backblech mit Backpapier auslegen. Jeweils 2 EL von der Teigmasse abstechen und Teighäufchen auf das Backpapier setzen. Die Häufchen zu einem Boden von 8 cm Durchmesser verstreichen. Im vorgeheizten Backofen bei 200 °C (Gas Stufe 3, Umluft 180 °C) etwa 10 Minuten backen. Herausnehmen, auskühlen lassen,

das Backpapier etwas anfeuchten und von den Böden abziehen.

Für die Füllung die Gelatine in etwas kaltem Wasser einweichen. Die Kirschen abtropfen lassen und fein hacken. In einer Schüssel Quark, Ricotta und Zitronensaft glatt rühren, die Kirschen untermischen. Die Gelatine ausdrücken und in einem kleinen Topf zusammen mit 1 EL Sahne bei milder Hitze auflösen und zur Quarkmasse geben. Die restliche Sahne steif schlagen und unterheben. Das Eiweiß steif schlagen und ebenfalls unterheben. 1 Stunde kalt stellen.

Die Masse in einen Spritzbeutel mit Lochtülle füllen. Jeweils die halben Teigböden mit der Sahne bespritzen, kandierte Robinienblüten auflegen, die andere Teighälfte darüber klappen. Mit Puderzucker bestäuben und mit kandierten Robinienblüten verzieren.

☞ Ob weiß oder violett – Robinienblüten verleihen Torten und Törtchen Eleganz und köstliche Süße. Um die Blüten zu kandieren, schlägt man 1–2 Eiweiß mit der Gabel etwas auf, taucht die Blüten kurz ein und schüttelt das überflüssige Eiweiß leicht ab. Anschließend werden die Blüten sorgfältig mit feinem Kristallzucker bestreut und im vorgewärmten Backofen bei 50 °C vorsichtig getrocknet.

## Quarkplätzchen

500 g Mehl
30 g Hefe
50 g Zucker
$^1/_4$ l Milch
80 g Butter
1 Ei
1 Päckchen Vanillezucker
1 Prise Salz

**Für die Füllung**

250 g abgetropfter Speisequark
100 g Zucker
4 Eigelb
50 g weiche Butter
1 TL abgeriebene, unbehandelte Zitronenschale
3 EL gemahlene Mandeln

**Außerdem**

1 Ei (getrennt)

Das Mehl in eine Schüssel sieben, in die Mitte eine Vertiefung drücken. Hefe und Zucker in 100 ml lauwarmer Milch verquirlen, in die Vertiefung gießen, etwas Mehl vom Mehlrand einrühren und einen breiartigen Vorteig herstellen. Zugedeckt 20 Minuten gehen lassen. Auf dem Mehlrand Butter, Ei, Vanillezucker und Salz verteilen, von der Mitte her die Zutaten gut verkneten, dabei die restliche Milch zugeben. 30 Minuten gehen lassen.
Für die Füllung den Quark durch ein Sieb in eine Schüssel streichen. Zucker, Eigelb, Butter, Zitronenschale und die Mandeln zugeben, alles verrühren. Den Teig auf be-

mehlter Fläche ausrollen, Kreise von 8 cm Durchmesser ausstechen. Die Ränder mit Eiweiß bestreichen. Die Hälfte der Kreise mit der Quarkmasse bestreichen, dabei die Ränder frei lassen. Die restlichen Kreise aufsetzen und die Ränder festdrücken. Mit verquirltem Eigelb bestreichen. Im vorgeheizten Backofen bei 200 °C (Gas Stufe 3, Umluft 180 °C) etwa 25 Minuten backen.

## Quarkbällchen

200 g abgetropfter Speisequark
6 EL Milch
1 Ei
8 EL Öl
100 g Zucker
1 TL abgeriebene, unbehandelte Zitronenschale
1 Prise Salz
400 g Mehl
2 TL Backpulver

**Außerdem**

200 g Erdbeerkonfitüre
Etwas Milch
Puderzucker
Öl zum Ausbacken

Den Quark durch ein Sieb in eine Schüssel streichen. Milch, Ei, Öl, Zucker, Zitronenschale und Salz einrühren. Mehl und Backpulver vermischen, auf die Quarkmasse sieben und unterkneten. Den Teig 1/2 cm dick ausrollen und Kreise von 8 cm Durchmesser ausstechen. Den

# حلوا

1X سوجی، 1X بوره، 1/2 غوړي

1/6 بادام، 4X اوبه

Rand der Kreise mit Milch bestreichen. Auf die Hälfte der Kreise einen Klecks Konfitüre geben, die restlichen Kreise auflegen und die Ränder festdrücken. In einem Topf reichlich Öl erhitzen, die Bällchen darin goldgelb ausbacken. Mit einem Schaumlöffel herausnehmen und abtropfen lassen. Mit Puderzucker bestäuben.

## Quarkspitzen

50 g weiche Butter
80 g Zucker
1 Päckchen Vanillezucker
2 Eier
200 g abgetropfter Speisequark
200 g Mehl
2 TL Backpulver
50 g Korinthen

**Außerdem**
Öl zum Ausbacken
Puderzucker

Butter, Zucker und Vanillezucker schaumig schlagen, nach und nach die Eier und den Quark einrühren. Das Mehl mit dem Backpulver vermischen, sieben und unterheben. Die Korinthen waschen, trockentupfen und zum Teig geben. In einem Topf Öl erhitzen. Einen Esslöffel in das erhitzte Fett tauchen, damit kleine Teigstückchen abstechen und im Öl ausbacken. Herausnehmen, abtropfen lassen und mit Puderzucker bestäuben.

## Apfelkuchen mit Streuseln

250 g Butter
250 g Zucker
5 Eier
1 Prise Salz
6 EL Milch
1 TL abgeriebene, unbehandelte Zitronenschale
400 g Mehl
1 Päckchen Backpulver

**Für den Belag**

4 Eier (getrennt)
250 g Butter
200 g Zucker
2 Päckchen Vanillezucker
2 EL Grieß
800 g abgetropfter Speisequark
1 kg Äpfel
Saft von 1/2 Zitrone

**Für die Streusel**

350 g Mehl
1 TL Backpulver
175 g Zucker
1 Msp. gemahlener Zimt
200 g Butter

Für den Teig die Butter schaumig rühren. Zucker, Eier, Salz, Milch und Zitronenschale zugeben. Das Mehl mit dem Backpulver vermischen, sieben und nach und nach unterrühren. Ein Backblech mit Backpapier auslegen, den Teig darauf geben und glatt streichen.

Eigelb, Butter, Zucker, Vanillezucker und Grieß schaumig schlagen. Den Quark einrühren. Das Eiweiß steif schlagen und unterheben. Die Äpfel schälen, in Viertel schneiden, das Kernhaus entfernen, die Viertel mehrmals der Länge nach einritzen und mit Zitronensaft beträufeln. Für die Streusel das Mehl mit dem Backpulver in eine Schüssel sieben, Zucker und Zimt zugeben und untermischen. Mit der Butter zu Streuseln vermengen. Den Quark auf den Teig geben, die Äpfel darauf anordnen und mit Streuseln bestreuen. Im vorgeheizten Backofen bei 200 °C (Gas Stufe 3, Umluft 180 °C) etwa 45 Minuten backen.

## Käsekuchen mit Decke

450 g Mehl
1 Päckchen Backpulver
100 g Zucker
2 Eier
5 EL Milch
175 g Butter
**Für die Füllung**
2 EL Sultaninen
1 EL Rum
1 kg abgetropfter Speisequark
1/2 Päckchen Vanille-Puddingpulver
2 Eier
200 g Zucker
2 EL gehackte Mandeln
**Außerdem**
2 Eigelb

Für den Teig Mehl und Backpulver mischen und in eine Schüssel sieben. In die Mitte eine Vertiefung drücken. Zucker, Eier und Milch in die Vertiefung geben, etwas Mehl zufügen und einen dicklichen Brei bereiten. Die Butter in Stücken darauf geben, alle Zutaten gut verkneten. 30 Minuten kalt stellen.
Den Teig teilen. Ein Backblech einfetten, die Hälfte des Teiges darauf ausrollen, einen Rand hochziehen. Den Boden mit einer Gabel mehrmals einstechen. Den restlichen Teig in Backblechgröße ausrollen.
Für die Füllung die Sultaninen waschen, trockentupfen und mit Rum beträufeln. Den Quark in eine Schüssel geben und mit Puddingpulver, Eiern, Zucker und Mandeln verrühren. Zum Schluss die Sultaninen untermischen, die Masse auf dem Teig verteilen und mit der Teigdecke belegen. Mit verquirltem Eigelb bestreichen. Im vorgeheizten Backofen bei 200 °C (Gas Stufe 3, Umluft 180 °C) etwa 35 Minuten backen.

# Gefüllter Hefekuchen

500 g Mehl
40 g Hefe
125 g Zucker
200 ml Milch
2 Eier
80 g Butter
1 Prise Salz

**Für die Füllung**

1 kg abgetropfter Speisequark
100 g Zucker
5 EL Schmand
5 EL Zitronensaft
1 TL abgeriebene, unbehandelte Zitronenschale
2 EL Grieß
100 g gehackte Mandeln
100 g gewaschene Korinthen

**Für die Streusel**

100 g Zucker
100 g Butter
100 g Mehl
1 Prise Zimt

Für den Teig das Mehl in eine Schüssel sieben, in die Mitte eine Vertiefung drücken. Die Hefe mit 1 TL Zucker in etwas lauwarmer Milch verrühren, in die Vertiefung gießen, etwas Mehl vom Mehlrand einrühren und einen breiartigen Vorteig herstellen. Zugedeckt 20 Minuten an einem warmen Ort gehen lassen. Den restlichen Zucker, die Eier, die Butter in Flöckchen und das Salz auf dem Mehlrand verteilen. Von der Mitte her die Zutaten gut verkneten, dabei die restliche Milch zufügen. 30 Minuten gehen lassen. Den Teig durchkneten und halbieren.

Ein Backblech einfetten, eine Teighälfte ausrollen und auf das Backblech geben. Den Teig mehrmals mit einer Gabel einstechen. In einer Schüssel Quark, Zucker, Schmand, Zitronensaft, Zitronenschale, Grieß, Mandeln und Korinthen verrühren. Die Quarkmasse auf die Teigplatte streichen. Den restlichen Teig ausrollen und auf den Quark legen.

Zucker, Butter, Mehl und Zimt zu Streusel vermischen und den Kuchen damit bestreuen. Im vorgeheizten Backofen bei 200 °C (Gas Stufe 3, Umluft 180 °C) etwa 45 Minuten backen.

## Kirsch-Quark-Kuchen

150 g abgetropfter Speisequark
6 EL Milch
6 EL Öl
3 EL Zucker
1 Prise Salz
1/2 TL abgeriebene, unbehandelte Zitronenschale
300 g Mehl
1 Päckchen Backpulver

**Für den Belag**
1,5 kg Sauerkirschen
4 Eier (getrennt)
1 kg abgetropfter Speisequark
175 g Zucker
200 g weiche Butter
3 EL Kirschwasser
125 g Speisestärke
3 EL Zimtzucker

Quark mit Milch, Öl, Zucker, Salz und Zitronenschale verrühren. Mehl und Backpulver einarbeiten. Kneten, bis ein glatter Teig entsteht. Ein Backblech einfetten, den Teig darauf verteilen und einen Rand hochziehen.
Die Kirschen waschen und entsteinen. In einer Schüssel Eigelb, Quark, Zucker, Butter und Kirschwasser verrühren. Das Eiweiß steif schlagen und mit der aufgesiebten Speisestärke unterheben. Zuletzt die Sauerkirschen unterheben. Die Quarkmasse auf den Teig geben und glatt streichen. Im vorgeheizten Backofen bei 180 °C (Gas Stufe 2, Umluft 160 °C) etwa 1 Stunde backen. Herausnehmen und sofort mit Zimtzucker bestreuen.

## Quarkkuchen mit Himbeeren

150 g weiche Butter
150 g Zucker
5 Eier

**Für den Belag**
5 Blatt rote Gelatine
4 EL Johannisbeerkonfitüre
2 EL Obstgeist
250 g Speisequark
200 g Crème fraîche
180 g Mehl
30 g Speisestärke
2 gestr. TL Backpulver
3 EL Kakao
4 EL Sahne
4 EL Zucker
2 kg Himbeeren
1/8 l Weißwein
125 g gehobelte Mandeln

Für den Teig Butter und Zucker schaumig schlagen und nach und nach die Eier einrühren. Mehl, Speisestärke und Backpulver vermischen, sieben und mit dem Kakao unterheben. Ein Backblech mit Backpapier auslegen, den Teig darauf geben und glatt streichen. Im vorgeheizten Backofen bei 200 °C (Gas Stufe 3, Umluft 180 °C) etwa 12–15 Minuten backen. Herausnehmen und auskühlen lassen. Den Teigboden stürzen und das Backpapier ablösen.
Für den Belag die Gelatine in kaltem Wasser einweichen. Die Johannisbeerkonfitüre mit dem Obstgeist verrühren und den Teigboden damit bestreichen. Quark, Crème fraîche, Sahne und 2 EL Zucker verrühren. Die Hälfte der Himbeeren mit dem restlichen Zucker und dem Weißwein zum Kochen bringen, durch ein Sieb streichen und auskühlen lassen, bis die Temperatur höchstens noch 50 °C beträgt. Dann die ausgedrückte Gelatine einrühren. Den Teigboden mit der Quarkmischung bestreichen, die restlichen Himbeeren darauf verteilen und mit der Himbeermasse bedecken. Mit Mandeln bestreuen.

☞ Die Gelatine darf nicht zu sehr erhitzt werden, sonst geliert die Creme nicht! Man muss darum unbedingt darauf achten, dass die erhitzte Flüssigkeit genügend abgekühlt ist.

# Quarkkuchen mit Kokosraspeln

500 g Mehl
30 g Hefe
3 EL Zucker
$^1/_4$ l Milch
100 g Butter
1 Päckchen Vanillezucker
1 Prise Salz

**Für den Belag**

750 g abgetropfter Speisequark
4 EL Sahne
1 EL Zucker
200 g Kokosraspel
1 TL abgeriebene, unbehandelte Orangenschale

**Für den Guss**

200 g Kokosfett
250 g Puderzucker
3 EL Kakao
2 Eier

Das Mehl in eine Schüssel sieben, in die Mitte eine Vertiefung drücken. Die Hefe mit 1 TL Zucker in etwas lauwarmer Milch verquirlen, in die Vertiefung gießen. Etwas Mehl einrühren und einen dicklichen Vorteig herstellen. Zugedeckt 20 Minuten gehen lassen. Den restlichen Zucker, die Butter in Flöckchen, Vanillezucker und Salz auf dem Mehlrand verteilen. Von der Mitte her die Zutaten zu einem glatten Teig verkneten, dabei die restliche Milch zugeben. Zugedeckt 30 Minuten gehen lassen. Den Teig auf bemehlter Fläche ausrollen. Ein Backblech einfetten, den Teig auflegen, einen Rand hochziehen, den Teig mehrmals mit einer Gabel einstechen.

Für den Belag den Quark mit der Sahne, dem Zucker, den Kokosraspeln und der Orangenschale vermischen und auf den Teig geben. Im vorgeheizten Backofen bei 200 °C (Gas Stufe 3, Umluft 180 °C) etwa 35 Minuten backen. Herausnehmen und auskühlen lassen.
Das Kokosfett zum Schmelzen bringen und danach auskühlen lassen. Zucker, Kakao und Eier verrühren und das Fett allmählich einrühren. Den Kuchen damit gleichmäßig überziehen.

## Ananas-Quark-Kuchen

25 Zwiebäcke
150 g Butter
2 EL Zucker
8 Eigelb
4 EL Mehl
2 EL Speisestärke
2 EL Semmelbrösel
2 EL gemahlene Mandeln

**Für den Belag**
4 Blatt weiße Gelatine
6 EL Orangenlikör
4 Eier (getrennt)
175 g Zucker
500 g abgetropfter Speisequark
500 g Doppelrahm-Frischkäse
1 TL abgeriebene, unbehandelte Orangenschale
1/8 l Sahne
24 Scheiben Ananas
24 Maraschinokirschen
250 g Orangenmarmelade

Die Zwiebäcke zerkleinern, in eine Plastiktüte füllen und mit einem Nudelholz zerbröseln. Butter und Zucker schaumig rühren. Nach und nach das Eigelb einrühren. Zwiebackbrösel, Mehl und Speisestärke zugeben und alles gut verkneten. Den Teig auf bemehlter Fläche ausrollen. Semmelbrösel und Mandeln vermischen. Ein Backblech einfetten, mit der Mandel-Semmelbrösel-Mischung bestreuen, den Teig darauf geben und einen Rand hochziehen. Im vorgeheizten Backofen bei 200 °C (Gas Stufe 3, Umluft 180 °C) etwa 15 Minuten backen. Herausnehmen und auskühlen lassen.

Für den Belag die Gelatine in kaltem Wasser einweichen. 3 EL Orangenlikör leicht erwärmen, die ausgedrückte Gelatine darin auflösen. Eigelb und Zucker schaumig rühren, die ausgekühlte, aufgelöste Gelatine einrühren. In einer anderen Schüssel Quark, Frischkäse, Orangenschale und Sahne verrühren und nach und nach unter die Eigelbmasse heben. Das Eiweiß steif schlagen und unterheben.

Den Kuchenboden mit der Creme bestreichen und dicht mit den abgetropften Ananasscheiben und Maraschinokirschen belegen. Kalt stellen. Die Orangenmarmelade leicht erwärmen, den restlichen Likör einrühren, alles durch ein Sieb passieren und die Früchte damit überziehen. Kalt stellen.

# Kokoskuchen mit Aprikosen

450 g Kokosraspel
8 Eier (getrennt)
250 g Zucker
2 EL Weinbrand
100 g Butter
1 Prise Salz
250 g Mehl
50 g Speisestärke

**Für den Belag**
1 kg Aprikosen
6 Eier (getrennt)
150 g Zucker
200 ml Sahne
2 EL Grieß
2 EL Speisestärke
1 kg Speisequark

Die Kokosraspel ohne Fett in eine Pfanne geben und goldbraun rösten. Dabei mehrmals schütteln. Auskühlen lassen. 3–4 EL voll wegnehmen und für die Verzierung beiseite stellen.

Das Eigelb in eine Schüssel geben und mit 3 EL warmem Wasser schaumig schlagen. Nach und nach Zucker und Weinbrand unterschlagen. So lange weiterschlagen, bis die Masse cremig ist. Die Butter zerlassen. Das Eiweiß mit dem Salz steif schlagen und unter die Eigelbmasse ziehen. Mehl und Speisestärke vermischen, über die Eiermasse sieben und die Kokosraspeln darüber geben. Zusammen mit der ausgekühlten Butter unterheben. Ein Backblech einfetten und den Teig darauf gleichmäßig verteilen.

Die Aprikosen waschen, halbieren und entsteinen. Das Eigelb in eine Schüssel geben und mit dem Zucker schaumig schlagen. Langsam die Sahne einrühren. Grieß und Speisestärke unterrühren. Nach und nach den Quark einarbeiten. Das Eiweiß steif schlagen und unterheben.
Die Hälfte der Quarkmasse auf den Teig streichen, die Aprikosenhälften darauf verteilen und mit der restlichen Quarkmasse bedecken. Im vorgeheizten Backofen bei 200 °C (Gas Stufe 3, Umluft 180 °C) etwa 1 Stunde backen. Herausnehmen, auskühlen lassen und mit den restlichen Kokosraspeln bestreuen.

## Zwetschgen-Quark-Kuchen

250 g Mehl
1 TL Backpulver
100 g Zucker
1 Päckchen Vanillezucker
1 Ei
1 EL Milch
100 g kalte Butter

**Für den Belag**
1 kg Zwetschgen
1 kg Speisequark
200 g Zucker
1 Päckchen Vanille-Puddingpulver
5 Eier
300 ml Sahne
1 Prise Salz
150 g gemahlene Mandeln
100 g Semmelbrösel

**Außerdem**
Puderzucker

Für den Teig Mehl und Backpulver vermischen, in eine Schüssel sieben und in die Mitte eine Vertiefung drücken. Zucker, Vanillezucker, Ei und Milch in die Vertiefung geben und mit einem Teil des Mehls zu einem dicken Brei vermengen. Die Butter in Stücken darauf geben und alle Zutaten zu einem glatten Teig verkneten. Eine Kugel formen und 30 Minuten kalt stellen.

Den Teig ausrollen, auf ein Backblech geben, leicht andrücken, einen Rand hochziehen, den Teig mit einer Gabel mehrmals einstechen. Im vorgeheizten Backofen bei 200 °C (Gas Stufe 3, Umluft 180 °C) 10 Minuten vorbacken.

Für den Belag die Zwetschgen waschen, halbieren und entsteinen. Den Quark in eine Schüssel geben und mit dem Zucker, dem Puddingpulver und dem Eigelb gut verrühren. Die Sahne steif schlagen und unterheben. Das Eiweiß mit dem Salz steif schlagen und ebenfalls unterheben.

Die Quarkmasse auf den vorgebackenen Teig geben, die Zwetschgen darauf anordnen. Mandeln und Semmelbrösel vermischen und die Zwetschgen damit gleichmäßig bestreuen. Im vorgeheizten Backofen bei 200 °C (Gas Stufe 3, Umluft 180 °C) etwa 25 Minuten backen. Herausnehmen, gut auskühlen lassen und mit Puderzucker bestäuben.

## Quarkkuchen mit Backpflaumen

250 g Mehl
1 TL Backpulver
1 Ei
80 g Zucker
150 g kalte Butter

**Für den Belag**
750 g Backpflaumen
1/4 l Rotwein
1 Stück Zimtstange
4 Gewürznelken
1 kg Speisequark
4 Eier (getrennt)
1 Päckchen Vanille-Puddingpulver
1 TL abgeriebene, unbehandelte Zitronenschale
125 g Zucker
400 ml Sahne

**Außerdem**
Puderzucker

Die Pflaumen für den Belag waschen, abtropfen lassen und in eine Schüssel legen. Rotwein darüber gießen, Zimtstange und Gewürznelken dazugeben. Zugedeckt über Nacht stehen lassen.

Für den Teig Mehl und Backpulver vermischen, in eine Schüssel sieben, in die Mitte eine Vertiefung drücken. Ei und Zucker in die Vertiefung geben, mit etwas Mehl vom Mehlrand einen dicklichen Brei bereiten. Die Butter in Stücken darauf geben, alle Zutaten gut verkneten. Eine Kugel formen, 30 Minuten kalt stellen. Den Teig ausrollen und auf ein Backblech geben, leicht andrücken, einen Rand hochziehen und den Boden mehrmals mit einer

Gabel einstechen. Die Pflaumen abtropfen lassen und auf dem Teig verteilen.
Für den Quarkbelag den Quark in eine Schüssel geben und mit dem Eigelb, dem Puddingpulver, der Zitronenschale und dem Zucker verrühren. Die Sahne steif schlagen und unterheben. Das Eiweiß steif schlagen und ebenfalls unterheben. Die Quarkmasse über die Backpflaumen ziehen. Im vorgeheizten Backofen bei 200 °C (Gas Stufe 3, Umluft 180 °C) etwa 50 Minuten backen. Herausnehmen, auskühlen lassen und mit Puderzucker leicht bestäuben.

## Pfirsich-Quark-Kuchen

200 g Butter
150 g Zucker
1/2 TL abgeriebene, unbehandelte Zitronenschale
4 Eier
2 EL Milch
1 Prise Salz
300 g Mehl
2 TL Backpulver
2 EL Semmelbrösel

**Für den Belag**
6 Blatt weiße Gelatine
1 kg Pfirsiche
4 Eier (getrennt)
175 g Zucker
800 g abgetropfter Speisequark
5 EL Aprikosensaft
300 ml Sahne
250 g Aprikosenkonfitüre

Für den Teig Butter und Zucker schaumig rühren. Zitronenschale, Eier, Milch und Salz zugeben und unterrühren. Mehl und Backpulver vermischen, über die Butter-Ei-Masse sieben und alles glatt rühren. Ein Backblech einfetten und mit Semmelbröseln ausstreuen. Den Teig darauf geben, glatt streichen und im vorgeheizten Backofen bei 180 °C (Gas Stufe 2, Umluft 160 °C) etwa 20 Minuten backen. Herausnehmen, auskühlen lassen.
Für den Belag die Gelatine in kaltem Wasser einweichen. Die Pfirsiche waschen, abtrocknen, halbieren und entsteinen. Die Hälften mehrmals tief einschneiden. Das Eigelb mit dem Zucker verrühren. Den Quark unterrühren. Den Aprikosensaft leicht erwärmen, die ausgedrückte Gelatine darin auflösen und das Ganze ausgekühlt unter die Quarkmasse rühren. Kalt stellen.
Sobald die Quarkmasse zu gelieren beginnt, die Sahne steif schlagen und unterheben. Dann das Eiweiß steif schlagen und ebenfalls unterheben. Die Masse auf die Teigplatte streichen und mit den Pfirsichen belegen. Die Aprikosenkonfitüre leicht erwärmen, durch ein Sieb streichen und über die Früchte ziehen.

**Variante:** Anstelle der Pfirsiche den Kuchen mit Kiwis belegen. Dafür zehn Früchte schälen und in Scheiben schneiden. Mit farblosem Tortenguss überziehen.

# Eierschecke auf böhmische Art

500 g Mehl
30 g Hefe
100 g Zucker
1/4 l Milch
80 g weiche Butter
1 Päckchen Vanillezucker
1 Prise Salz
1/2 TL abgeriebene Zitronenschale
2 geriebene bittere Mandeln

**Für den Belag**

125 g Sultaninen
4 EL Rum
100 g Butter
175 g Zucker
4 Eier
1 kg abgetropfter Speisequark
1 Päckchen Mandel-Puddingpulver
1/8 l Milch
3 EL Sahne
2 EL Rum

**Für die Decke**

80 g Butter
80 g Zucker
1 Päckchen Vanillezucker
4 Eier (getrennt)
2 geriebene Bittermandeln
50 g geriebene Mandeln
1 Prise Salz
2 EL Rum

Für den Teig das Mehl in eine Schüssel sieben, in die Mitte eine Vertiefung drücken. Die Hefe mit 1 TL Zucker in 1/8 l lauwarmer Milch verrühren, in die Vertiefung gießen, etwas Mehl vom Rand dazugeben und einen dicklichen Vorteig bereiten. Zugedeckt an einem warmen Ort 20 Minuten gehen lassen.

Den restlichen Zucker, die Butter in Flöckchen, Vanillezucker, Salz, Zitronenschale und die bitteren Mandeln auf dem Mehlrand verteilen. Von der Mitte her die Zutaten zu einem glatten Teig verkneten, dabei die restliche Milch zugeben. Zugedeckt weitere 30 Minuten gehen lassen. Den Teig kurz durchkneten und auf bemehlter Fläche ausrollen. Ein Backblech einfetten, den Teig auflegen, einen Rand hochziehen und den Teig mit einer Gabel mehrmals einstechen.

Für den Belag die Sultaninen waschen, gut trockentupfen und mit dem Rum beträufeln. In einer Schüssel die Butter schaumig schlagen. Zucker und Eier einrühren, nach und nach den Quark unterrühren. Das Puddingpulver in der Milch glatt rühren und mit der Sahne und dem Rum unter die Quarkmasse mischen. Die Quarkmasse auf dem Teig gleichmäßig verteilen und mit einem Messer glatt streichen.

Für die Decke in einer Schüssel die Butter schaumig schlagen, Zucker, Vanillezucker, Eigelb, Mandeln, Salz und Rum einrühren. Das Eiweiß steif schlagen und langsam unterheben.

Die Masse über den Quark ziehen. Im vorgeheizten Backofen bei 200 °C (Gas Stufe 3, Umluft 180 °C) etwa 45 Minuten backen. Die Decke soll hell bleiben, deshalb eventuell die Oberhitze reduzieren oder Alufolie auflegen.

# Käsekuchen mit Mohn

500 g Mehl
30 g Hefe
100 g Zucker
200 ml Milch
150 g Butter
1 Päckchen Vanillezucker
1 Ei
1 Prise Salz

**Für die Mohnmasse**

1/4 l Milch
50 g Butter
2 EL Zucker
1 Prise Salz
1 EL Grieß
250 g gemahlener Mohn
1 Msp. Zimt
100 g Korinthen
1 Ei

**Für die Quarkmasse**

400 g abgetropfter Speisequark
100 g Crème fraîche
50 g weiche Butter
100 g Zucker
2 Eier
1 EL Speisestärke
6 EL Sahne
1 Prise Salz

**Außerdem**

150 g gehackte Mandeln
80 g Butter
150 g Puderzucker

Für den Teig das Mehl in eine Schüssel sieben, in die Mitte eine Vertiefung drücken. Hefe und 1 TL Zucker in 100 ml lauwarmer Milch verrühren, in die Vertiefung gießen, etwas Mehl vom Rand zufügen und einen breiartigen Vorteig bereiten. Zugedeckt an einem warmen Platz 20 Minuten gehen lassen. Auf dem Mehlrand die

Butter in Flöckchen, den restlichen Zucker, Vanillezucker, Ei und Salz verteilen. Die Zutaten von der Mitte her zu einem glatten, geschmeidigen Teig verkneten, dabei die restliche Milch zufügen. Zugedeckt an einem warmen Platz 45 Minuten gehen lassen.
Für die Mohnmasse Milch, Butter, Zucker und Salz in einen Topf geben, kurz aufkochen lassen, den Grieß zufügen und kurz quellen lassen. Mohn und Zimt einrühren und auf Zimmertemperatur auskühlen lassen. Korinthen waschen und trockentupfen. Ei und Korinthen unter die Mohnmasse rühren.
Für die Quarkmasse Quark, Crème fraîche, Butter und Zucker gut verrühren. Eier, Speisestärke, Sahne und Salz zugeben und ebenfalls unterrühren.
Den Hefeteig nochmals kurz kräftig durchkneten und auf bemehlter Fläche ausrollen. Ein Backblech gut einfetten, den Teig auflegen und einen Rand hochziehen. Anschließend mit einer Gabel den Teig mehrmals einstechen.
In diagonalen Streifen die Mohn- und Quarkmasse auf dem Teig verteilen, die Mandeln darüber streuen. Im vorgeheizten Backofen bei 200 °C (Gas Stufe 3, Umluft 180 °C) etwa 40 Minuten backen. Herausnehmen, sofort mit zerlassener Butter bestreichen und mit Puderzucker bestäuben.

# Feiner Quarkkuchen mit Sahneguss

350 g Mehl
25 g Hefe
1 EL Zucker
200 ml Milch
50 g weiche Butter
1 Prise Salz
125 g Mehl

**Für den Belag**
1 kg abgetropfter Speisequark
3 Eier
3 EL Zucker
3 EL Zitronensaft
1 TL abgeriebene, unbehandelte Zitronenschale
100 ml Sahne

**Für den Streuselbelag**
125 g Butter
125 g Zucker

**Für den Guss**
1 Päckchen Vanille-Puddingpulver
400 ml Milch
2 EL Zucker
1 Prise Salz
2 Eier
100 g Butter
1 TL Speisestärke
$^1/_8$ l Sahne

Für den Teig das Mehl in eine Schüssel sieben, in die Mitte eine Vertiefung drücken. Hefe und Zucker in lauwarmer Milch verquirlen, in die Vertiefung gießen, etwas Mehl einrühren und einen breiartigen Vorteig bereiten.

Zugedeckt an einem warmen Ort 20 Minuten gehen lassen. Auf dem Mehlrand Butter und Salz verteilen. Die Zutaten von der Mitte her zu einem geschmeidigen Teig verkneten. Nochmals zugedeckt 30 Minuten an einem warmen Ort gehen lassen.
Für den Belag den Quark mit Eiern, Zucker, Zitronensaft, Zitronenschale und Sahne verrühren. Für den Streuselbelag, Butter, Zucker und Mehl vermischen.
Für den Guss das Puddingpulver in etwas kalter Milch glatt rühren. Die restliche Milch mit Zucker und Salz zum Kochen bringen, das angerührte Puddingpulver hineingeben, unter Rühren aufkochen lassen. Etwas auskühlen lassen, dabei ab und zu umrühren, damit sich keine Haut bildet. Eier, Butter und Speisestärke einrühren. Die Sahne steif schlagen und unterheben.
Den Teig gut durchkneten und ausrollen. Ein Backblech einfetten. Den Teig darauf geben, einen Rand hochziehen. Die Streusel auf dem Teig verteilen und darauf die Quarkmasse geben. Das Ganze mit dem Guss überziehen. Im vorgeheizten Backofen bei 180 °C (Gas Stufe 2, Umluft 160 °C) etwa 40 Minuten backen.

☞ Wer ein wenig Farbe in dieses saftige Kuchenvergnügen bringen möchte, mischt noch 2 EL Kakao in den Streusel.

# Apfel-Quark-Kuchen mit Mandeln

450 g Mehl
30 g Hefe
100 g Zucker
200 ml Milch
100 g Butter
1 Ei
1 Prise Salz
1 TL abgeriebene, unbehandelte Zitronenschale

**Für den Belag**

2 EL Sultaninen
2 EL Korinthen
4 EL Rum
$^1/_2$ Päckchen Sahne-Puddingpulver
3 EL Zucker
$^1/_8$ l Milch
$^1/_8$ l Sahne
100 g Zucker
200 g abgetropfter Speisequark
100 g Crème fraîche
2 Eigelb
1 TL abgeriebene, unbehandelte Zitronenschale
2 kg Äpfel
Saft von 1 Zitrone

**Außerdem**

200 g gehackte Mandeln
100 g Butter
2 EL Zucker

Das Mehl in eine Schüssel sieben, in die Mitte eine Vertiefung drücken. Die Hefe mit 1 TL Zucker in 100 ml lauwarmer Milch verquirlen, in die Vertiefung gießen, etwas Mehl vom Rand dazugeben und einen breiartigen Vorteig herstellen. Zugedeckt an einen warmen Platz stellen und 20 Minuten gehen lassen. Auf dem Mehlrand den restlichen Zucker, die Butter in Flöckchen, Ei, Salz und Zitronenschale verteilen. Die Zutaten von der Mitte her zu einem glatten und geschmeidigen Teig verkneten, dabei die restliche Milch zufügen. Zugedeckt an einen warmen Platz stellen, 30 Minuten gehen lassen.

Für den Belag Sultaninen und Korinthen waschen, abtrocknen und mit dem Rum beträufeln. Das Puddingpulver mit dem Zucker in etwas kalter Milch verrühren. Die restliche Milch mit der Sahne zum Kochen bringen, das angerührte Puddingpulver einrühren, aufwallen lassen, vom Herd nehmen und auskühlen lassen. Dabei ab und zu umrühren, damit sich keine Haut bildet. Quark und Crème fraîche in eine Schüssel geben, Eigelb, Zitronenschale und Pudding zugeben. Alles gut verrühren. Die Äpfel schälen, entkernen und in Spalten schneiden. Mit Zitronensaft beträufeln.

Den Hefeteig kräftig durchkneten und auf bemehlter Fläche ausrollen. Ein Backblech einfetten, den Teig auflegen, mit einer Gabel mehrmals einstechen, einen Rand hochziehen. Die Quarkmasse aufstreichen, die Apfelspalten darauf anordnen. Mit Rosinen, Korinthen und Mandeln bestreuen. Butterflöckchen über dem Ganzen verteilen und den Zucker darüber streuen. Im vorgeheizten Backofen bei 200 °C (Gas Stufe 3, Umluft 180 °C) etwa 35 Minuten backen.

# Feiner Orangenkuchen

250 g abgetropfter
Speisequark
1 Ei
8 EL Milch
10 EL Öl
4 EL Zucker
1 Päckchen Vanillezucker
1 Prise Salz
450 g Mehl
3 gestr. TL Backpulver

**Für die Füllung**

1 Päckchen
Sahne-Puddingpulver
1/2 l Milch
4 EL Zucker
250 g Butter
1 TL abgeriebene
Orangenschale
Saft von 1 Orange
Orangenfilets von
8 Orangen

**Für den Guss**

300 g Puderzucker
4 EL Kakao
30 g Butter

**Außerdem**

Schokoladenraspel

Für den Teig den abgetropften Quark durch ein Sieb in eine Schüssel streichen. Mit Ei, Milch, Öl, Zucker, Vanillezucker und Salz verrühren. Mehl und Backpulver vermischen und nach und nach in die Quarkmasse einarbeiten. Gut verkneten. Den Teig teilen. Ein Backblech einfetten. Die eine Teighälfte leicht ausrollen und mit den Händen ins Backblech drücken. Im vorgeheizten Backofen bei 200 °C (Gas Stufe 3, Umluft 180 °C) 15 Minu-

ten backen. Herausnehmen, auskühlen lassen. Die andere Teighälfte ebenso backen.
Für die Füllung das Puddingpulver in etwas kalter Milch glatt rühren. Die restliche Milch mit dem Zucker zum Kochen bringen, das angerührte Puddingpulver hineingeben, unter Rühren aufkochen lassen. Vom Herd nehmen und den Pudding auf Zimmertemperatur auskühlen lassen. Dabei ab und zu umrühren, damit sich keine Haut bildet. Orangenschale und -saft einrühren. Die Butter schaumig rühren, nach und nach den Pudding unter die Butter mischen. Einen der Teigböden mit der Creme bestreichen, die Orangenfilets darauf verteilen und etwas eindrücken. Den anderen Teigboden darauf setzen.
Für den Guss Puderzucker sieben, Kakao zugeben und mit 3 EL heißem Wasser und der Butter verrühren. Den Kuchen damit bestreichen und am Schluss mit Schokoladenraspeln bestreuen.

# Zwetschgenkuchen

200 g Speisequark
1 Ei
$^1/_2$ TL abgeriebene, unbehandelte Zitronenschale
1 Msp. abgeriebene Muskatnuss
6 EL Milch
$^1/_8$ l Öl
1 Prise Salz
400 g Mehl
1 Päckchen Backpulver

**Für den Belag**
2 kg Zwetschgen

**Für die Streusel**
175 g Butter
125 g Zucker
200 g geriebenes Schwarzbrot

**Außerdem**
Puderzucker

Für den Teig den Quark durch ein Sieb in eine Schüssel streichen. Ei, Zitronenschale, Muskat, Milch, Öl und Salz unterrühren. Mehl und Backpulver vermischen und nach und nach in die Quarkmasse einarbeiten. Gut verkneten, auf bemehlter Fläche ausrollen. Ein Backblech einfetten, den Teig darauf geben und einen Rand hochziehen.
Die Zwetschgen waschen, entsteinen, einschneiden und auf dem Teig anordnen. Aus Butter, Zucker und Schwarzbrot Streusel bereiten und über die Zwetschgen streuen. Bei 200 °C (Gas Stufe 3, Umluft 180 °C) etwa 25 Minuten backen. Herausnehmen. Auskühlen lassen, mit Puderzucker bestäuben.

# Streuselkuchen

200 g abgetropfter Speisequark
1/8 l Öl
100 ml Milch
1 Ei
3 EL Zucker
1 Prise Salz
400 g Mehl
2 gestr. TL Backpulver

**Für die Streusel**
250 g Butter
200 g Zucker
350 g Mehl
2 Päckchen Vanillezucker
3 EL Kakao
1 Prise Salz
250 g saure Sahne

**Außerdem**
Puderzucker

Den Quark durch ein Sieb streichen und mit Öl, Milch, Ei, Zucker und Salz verrühren. Mehl und Backpulver vermischen und nach und nach einarbeiten. Den Teig gut verkneten und auf bemehlter Fläche ausrollen. Ein Backblech einfetten, den Teig auflegen.
Für die Streusel die Butter in Stücke schneiden und mit Zucker, Mehl, Vanillezucker, Kakao, Salz und der sauren Sahne verkneten. Auf dem Teig gleichmäßig verteilen. Im vorgeheizten Backofen bei 200 °C (Gas Stufe 3, Umluft 180 °C) etwa 25 Minuten backen. Herausnehmen, etwas auskühlen lassen, mit Puderzucker leicht bestäuben.

# Gefüllter Schoko-Streuselkuchen

200 g abgetropfter Speisequark
1 Ei
6 EL Milch
8 EL Öl
3 EL Zucker
1/2 TL abgeriebene, unbehandelte Zitronenschale
1 Prise Salz
400 g Mehl
3 gestr. TL Backpulver

**Für den Belag**

2 Päckchen Vanille-Puddingpulver
1/2 l Milch
1/4 l Sahne
4 EL Zucker
1 Prise Salz
30 g Butter
300 g abgetropfter Speisequark

**Für die Streusel**

300 g Mehl
250 g Butter
200 g Zucker
3 EL Kakao

Für den Teig den Quark durch ein Sieb in eine Schüssel streichen. Mit Ei, Milch, Öl, Zucker, Zitronenschale und Salz verrühren. Mehl und Backpulver vermischen und nach und nach zur Quarkmasse geben. Alles gut verkneten. Ein Backblech einfetten, den Teig darauf geben, einen Rand hochziehen. Das Puddingpulver in etwas kalter Milch glatt rühren. Die restliche Milch mit Sahne, Zucker und Salz zum Kochen bringen. Das glatt gerühr-

te Puddingpulver einrühren, aufkochen lassen, vom Herd nehmen und auskühlen lassen. Die Butter und den Quark verrühren, nach und nach den Pudding einrühren.
Für die Streusel das Mehl sieben und mit Butter, Zucker und Kakao vermischen. Die Quark-Masse auf dem Teig verteilen, die Streusel darüber geben. Im vorgeheizten Backofen bei 200 °C (Gas Stufe 3, Umluft 180 °C) etwa 40 Minuten backen.

## Raspelkuchen

150 g abgetropfter Speisequark
5 EL Milch
8 EL Öl
3 EL Zucker
1 Päckchen Vanillezucker
1 Ei
1 Prise Salz
400 g Mehl
3 gestr. TL Backpulver

**Für den Belag**

400 g Butter
300 g Zucker
3 EL Honig
500 g Kokosraspel
4 EL Milch

**Für den Guss**

250 g weiße Kuvertüre

Für den Teig den Quark durch ein Sieb in eine Schüssel streichen. Mit Milch, Öl, Zucker, Vanillezucker, Ei und Salz verrühren. Mehl und Backpulver vermischen, nach

und nach unter die Quarkmasse kneten. Ein Backblech einfetten, den Teig darauf geben.
Für den Belag die Butter in einem Topf zerlassen und mit Zucker und Honig verrühren. Kokosraspel und Milch zugeben. Die Masse etwas auskühlen lassen und auf dem Teig verteilen. Im vorgeheizten Backofen bei 180 °C (Gas Stufe 2, Umluft 160 °C) etwa 40 Minuten backen. Herausnehmen und auskühlen lassen. Die Kuvertüre im warmen Wasserbad schmelzen, auskühlen lassen, nochmals schmelzen und den Kuchen damit überziehen. Mit kandierten Rosenblütenblättern verzieren.

☞ Für kandierte Rosenblütenblätter braucht man zwei bis drei frisch gepflückte, ungespritzte Rosen. Von den Rosenblütenblättern den bitteren Stielansatz entfernen. Die Blütenblätter mit leicht aufgeschlagenem Eiweiß einstreichen und mit feinem Zucker bestreuen. Im vorgeheizten Backofen bei 50 °C trocknen lassen.

## Quarkkuchen mit Johannisbeeren

500 g abgetropfter Speisequark
1 Ei
6 EL Milch
8 EL Öl
1 Prise Salz
1/2 TL abgeriebene, unbehandelte Zitronenschale
400 g Mehl
1 Päckchen Backpulver

**Für den Belag**

350 g abgetropfter Speisequark
2 EL Zucker
1/2 TL abgeriebene, unbehandelte Zitronenschale
3 Eigelb
1 EL Mehl
1 Eiweiß
1 Prise Salz
1 kg Johannisbeeren

**Für den Guss**

3 EL Speisestärke
100 g Zucker
200 ml Milch
4 Eier (getrennt)

Für den Teig den Quark durch ein Sieb in eine Schüssel streichen. Ei, Milch, Öl, Salz, Zitronenschale unterrühren. Das Mehl mit dem Backpulver vermischen und nach und nach einarbeiten. Gut verkneten. Ein Backblech einfetten. Den Teig ausrollen und auf das Backblech legen, einen Rand hochziehen.
Für den Belag den Quark mit Zucker und Zitronenschale verrühren. Eigelb und Mehl unterrühren. Das Eiweiß mit einer Prise Salz schaumig schlagen und unterheben.

Die Johannisbeeren waschen und von den Rispen streifen. Die Quarkmasse auf dem Teig verteilen, die Johannisbeeren darauf geben. Für den Guss Speisestärke, Zucker und Milch verrühren, unter Rühren zum Kochen bringen, vom Herd nehmen, auskühlen lassen, das Eigelb unterrühren. Eiweiß zu Schnee schlagen und unterheben. Die Masse über das Obst ziehen. Im vorgeheizten Backofen bei 200 °C (Gas Stufe 3, Umluft 180 °C) etwa 30 Minuten backen. Eventuell mit Alufolie abdecken.

## Mandel-Knusper-Kuchen

200 g abgetropfter Speisequark
1 Ei
6 EL Milch
8 EL Öl
3 EL Zucker
1 Prise Salz
400 g Mehl
3 gestr. TL Backpulver

**Für den Belag**
250 g Butter
200 g Zucker
300 g gehackte Mandeln
2 Eier

**Für die Decke**
300 g Blätterteig (TK)

**Für die Füllung**
1 Päckchen Vanille-Puddingpulver
1/2 l Milch
3 EL Zucker
250 g weiche Butter

**Außerdem**
Puderzucker

Quark durch ein Sieb in eine Schüssel streichen. Mit Ei, Milch, Öl, Zucker und Salz verrühren. Mehl und Backpulver vermischen, in Quarkmasse einarbeiten. Den Teig durchkneten. Backblech einfetten, Teig darauf geben.
Für den Belag die Butter in einem Topf erhitzen. Zucker und Mandeln einrühren. Vom Herd nehmen, etwas auskühlen lassen, die Eier einrühren. Die Masse auf den Teig streichen. Im vorgeheizten Backofen bei 200 °C (Gas Stufe 3, Umluft 180 °C) etwa 35 Minuten backen. Herausnehmen und auskühlen lassen.
Den Blätterteig auftauen lassen. Für die Füllung das Puddingpulver mit etwas kalter Milch verquirlen. Die restliche Milch mit dem Zucker zum Kochen bringen, das angerührte Puddingpulver hineingeben, unter Rühren aufkochen lassen. Vom Herd nehmen, abkühlen lassen, dabei ab und zu umrühren. Die Butter schaumig schlagen, die Puddingmasse einrühren. Kalt stellen.
Den Blätterteig auf bemehlter Fläche ausrollen. Ein Backblech mit kaltem Wasser abspülen, den Blätterteig darauf geben, mehrmals mit einer Gabel einstechen und im vorgeheizten Backofen bei 220 °C (Gas Stufe 4, Umluft 200 °C) etwa 10 Minuten backen. Herausnehmen, auf ein Kuchengitter setzen und auskühlen lassen. Die Puddingcreme auf den Kuchen streichen und die Blätterteigdecke darauf setzen. Mit Puderzucker bestäuben.

# Dunkler Nusskuchen

175 g abgetropfter Speisequark
1 Ei
5 EL Milch
8 EL Öl
4 EL Zucker
1 Päckchen Vanillezucker
1 Prise Salz
350 g Mehl
3 gestr. TL Backpulver

**Für den Belag**

300 g Butter
250 g Zucker
300 g gehackte Haselnüsse
2 Eier
4 EL Milch

**Für die Decke**

1 Päckchen Schokoladen-Puddingpulver
1/2 l Milch
3 EL Zucker
100 g Zartbitterschokolade
50 g Nougat
250 g Butter
70 g Kokosfett

**Außerdem**

200 g Zartbitterkuvertüre

Für den Teig den Quark durch ein Sieb in eine Schüssel streichen. Mit Ei, Milch, Öl, Zucker, Vanillezucker und Salz verrühren. Mehl und Backpulver vermischen, nach und nach zur Quarkmasse geben. Den Teig gut verkneten. Ein Backblech einfetten, den Teig darauf geben.
Für den Belag die Butter erhitzen, Zucker und Haselnüsse dazugeben. Einige Male aufwallen lassen, vom Herd nehmen, etwas auskühlen lassen. Eier und Milch

einrühren und die Masse auf dem Teig gleichmäßig verteilen. Im vorgeheizten Backofen bei 200 °C (Gas Stufe 3, Umluft 180 °C) etwa 35 Minuten backen. Herausnehmen, auskühlen lassen.
Für die Decke das Puddingpulver in etwas kalter Milch glatt rühren. Die restliche Milch mit dem Zucker zum Kochen bringen, das angerührte Puddingpulver hineingeben und unter Rühren aufkochen lassen. Vom Herd nehmen, zerkleinerte Zartbitterschokolade und Nougat einrühren und glatt rühren. Den Pudding so lange kalt stellen, bis er Zimmertemperatur erreicht hat. Ab und zu umrühren, damit sich keine Haut bildet. Die Butter schaumig schlagen, nach und nach den Pudding einrühren. Zuletzt zerlassenes, ausgekühltes Kokosfett einrühren. Kalt stellen.
Die gut abgekühlte Creme auf dem Kuchen glatt verstreichen. Zartbitterkuvertüre im warmen Wasserbad schmelzen und damit faszinierende Muster über die Creme ziehen.

☞ Man kann die Kuvertüre in einen kleinen Spritzbeutel füllen und wunderschöne Muster auf die Creme malen. Mit einem Messer oder einer Gabel kann man die Schokoladenlinien dekorativ in verschiedene Richtungen verziehen.

## Zwiebelkuchen mit Apfel

500 g Mehl
30 g Hefe
$1/2$ TL Zucker
2 EL Olivenöl
$1/2$ TL Salz
**Für den Belag**
1,5 kg Gemüsezwiebeln
6 EL Olivenöl
4 frische Lorbeerblätter
6 Äpfel
Saft von 1 Zitrone
300 g abgetropfter Speisequark
4 EL Crème fraîche
3 EL Sahne
6 Eier
125 g gehackte Walnusskerne
3 Zweige Rosmarin

Das Mehl in eine Schüssel sieben, in die Mitte eine Vertiefung drücken. Die Hefe mit dem Zucker in $1/4$ l lauwarmem Wasser verquirlen und in die Vertiefung gießen. Von der Mitte her einen Teig kneten, dabei 2 EL Olivenöl und etwas Salz zugeben. Zugedeckt 30 Minuten gehen lassen.
Für den Belag die Zwiebeln schälen und in dünne Scheiben schneiden. Das restliche Öl erhitzen, die Zwiebel-

scheiben hineingeben, die Lorbeerblätter zufügen, alles 15 Minuten dünsten. Die Äpfel schälen, entkernen und in Spalten schneiden, mit Zitronensaft beträufeln.
Den Teig durchkneten und ausrollen. Ein Backblech einfetten, den Teig auflegen. Die Zwiebeln und die Apfelspalten auf den Teig geben. Quark, Crème fraîche, Sahne und Eier verrühren und darüber gießen. Walnüsse und abgezupfte Rosmarinnadeln aufstreuen. Im vorgeheizten Backofen bei 200 °C (Gas Stufe 3, Umluft 180 °C) etwa 40 Minuten backen.

## Speckkuchen mit Salami und Schinken

**Für den Teig**
150 g abgetropfter Speisequark
1 Ei
6 EL Milch
1/8 l Öl
1 Prise Salz
350 g Mehl
3 gestrichene TL Backpulver

**Für den Belag**
4 Bund Schnittlauch
125 g Salami
200 g gekochter Schinken
150 g Schinkenspeck
150 g abgetropfter Quark
150 g Frischkäse
1/8 l Sahne
4 Eier

Den Quark mit Ei, Milch, Öl und Salz verrühren. Mehl und Backpulver vermischen und nach und nach in die Quarkmischung einarbeiten. Gut verkneten. Auf bemehlter Fläche ausrollen. Ein Backblech einfetten, den Teig auflegen, einen Rand hochziehen.
Den Schnittlauch waschen, trockentupfen und in kleine Röllchen schneiden. Salami, gekochten Schinken und Schinkenspeck klein würfeln und alles auf dem Teig verteilen. Quark, Frischkäse, Sahne und Eier mit einer kräftigen Prise Salz verrühren. Die Masse auf dem Teig verteilen. Im vorgeheizten Backofen bei 200 °C (Gas Stufe 3, Umluft 180 °C) etwa 25 Minuten backen.

## Zwiebelkuchen mit feinem Guss

150 g abgetropfter Quark
1 Ei
1 Prise Salz
6 EL Milch
1/8 l Öl
400 g Mehl
3 gestr. TL Backpulver
**Für den Belag**
250 g Schinkenspeck
1 kg Zwiebeln
3 EL Öl
200 g abgetropfter Quark
200 g Schmand
4 Eier
30 g Speisestärke
1 EL Kümmel
Salz
Schwarzer Pfeffer

Für den Teig den Quark durch ein Sieb in eine Schüssel streichen. Ei, Salz, Milch und Öl einrühren. Mehl und Backpulver vermischen und nach und nach in die Quarkmasse einarbeiten. Gut verkneten. Auf bemehlter Fläche ausrollen. Ein Backblech einfetten, den Teig darauf geben, einen Rand hochziehen.
Den Speck in kleine Würfel schneiden. Die Zwiebeln schälen und in feine Ringe schneiden. In einer Pfanne das Öl erhitzen, Speck und Zwiebeln hineingeben und 5 Minuten dünsten. Danach auskühlen lassen.
Für den Guss Quark, Schmand, Eier, Speisestärke und Kümmel verrühren und mit Salz und Pfeffer abschmecken. Die Speck-Zwiebel-Mischung auf den Teig geben. Die Quark-Eier-Masse darüber gießen. Den Zwiebelkuchen im vorgeheizten Backofen bei 200 °C (Gas Stufe 3, Umluft 180 °C) etwa 35 Minuten backen.

☞ Zwiebelkuchen kann man zu jeder Gelegenheit und Jahreszeit essen. Klassischerweise wird er jedoch im Herbst zu »Federweißem«, also noch nicht ausgegorenem »neuen Wein« serviert.

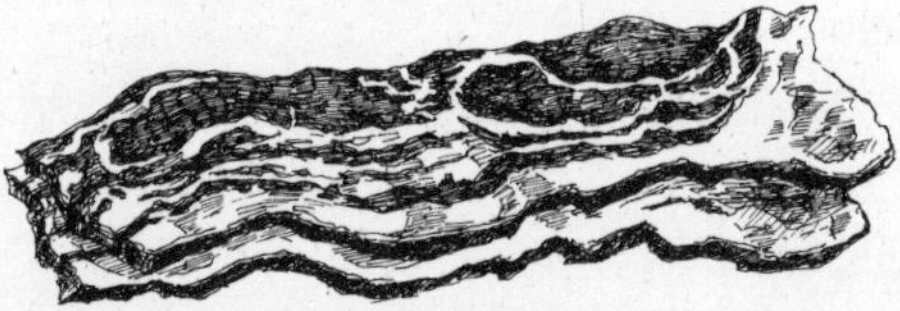

# Wurstkuchen

6 Zwiebeln
125 g Butter
450 g Mehl
50 g Hefe
1/2 TL Zucker
300 ml Milch
2 Eier
2 EL Kümmel

**Für den Belag**

500 g Kartoffeln
500 g Äpfel
2 Zwiebeln
800 g Blutwurst
4 EL gehackte Kräuter (Majoran, Petersilie, Schnittlauch)
Etwas Salz
Frisch gemahlener weißer Pfeffer
300 g abgetropfter Speisequark
6 Eigelb
1/4 l Sahne
1 EL Speisestärke
Salz

**Außerdem**

3 EL Semmelbrösel

Zur Vorbereitung für den Teig die Zwiebeln schälen und fein hacken. In einer Pfanne 50 g Butter erhitzen, die Zwiebeln darin bräunen und anschließend auskühlen lassen. Zur Vorbereitung für den Belag die Kartoffeln in der Schale kochen, pellen und grob reiben.
Für den Teig das Mehl in eine Schüssel sieben, in die Mitte eine Vertiefung drücken. Die Hefe mit dem Zucker in 1/8 l lauwarmer Milch verquirlen, in die Vertiefung gie-

ßen. Etwas Mehl vom Rand einrühren, einen breiartigen Vorteig herstellen. Zugedeckt an einem warmen Ort 20 Minuten gehen lassen. Von der Mitte her die Zutaten zu einem glatten Hefeteig verkneten, dabei die gebräunten Zwiebeln, Eier, Kümmel, die restliche Butter und die restliche Milch zugeben. Den Teig nochmals zugedeckt 30 Minuten gehen lassen. Ein Backblech einfetten und mit Semmelbröseln ausstreuen. Den Teig auf bemehlter Fläche durchkneten, ausrollen, auf das Backblech legen und ringsum einen Rand hochziehen. Den Boden mit einer Gabel mehrmals einstechen.

Für den Belag die Äpfel schälen, entkernen und in kleine Würfel schneiden. Die Zwiebeln schälen und fein hacken. Die Blutwurst in kleine Würfel schneiden. Blutwurst, Äpfel, geriebene Kartoffeln, Zwiebeln und Kräuter auf dem Teig verteilen. Mit Salz und Pfeffer bestreuen.

Quark, Eigelb, Sahne und Speisestärke verrühren, salzen und auf dem Belag verteilen. Im vorgeheizten Backofen bei 200 °C (Gas Stufe 3, Umluft 180 °C) etwa 35 Minuten backen.

# Auberginenkuchen

400 g Mehl
20 g Hefe
2 EL Olivenöl
Salz

**Für den Belag**

1 mittelgroße Aubergine
Salz
5 El Olivenöl
6 Tomaten
Weißer Pfeffer
300 g Speisequark
100 ml Sahne
300 g roher Schinken
3 EL Tomatenmark
1 TL Oregano
1/2 TL Majoran
2 EL fein geschnittenes Basilikum

Das Mehl in eine Schüssel sieben, in die Mitte eine Vertiefung drücken. Die Hefe in 150 ml lauwarmem Wasser verrühren, in die Vertiefung gießen, mit etwas Mehl vermischen und zugedeckt 15 Minuten gehen lassen. Olivenöl und eine kräftige Prise Salz zugeben, den Teig kräftig durchkneten. Etwas Mehl darüber stäuben. Zugedeckt an einem warmen Ort 30 Minuten gehen lassen. Inzwischen die Aubergine in Scheiben schneiden, die Schnittflächen mit Salz einreiben, 10 Minuten ziehen lassen, trockentupfen und in Olivenöl bräunen. Tomaten mit kochendem Wasser überbrühen, die Haut abziehen. Tomaten in Scheiben schneiden und mit den Auberginenscheiben vermischen. Mit Salz und Pfeffer würzen.

Quark und Sahne verrühren, ebenfalls mit Salz und Pfeffer würzen. Den Schinken in Würfel schneiden.

Den Teig erneut durchkneten, auf bemehlter Fläche ausrollen, auf ein gefettetes Backblech geben, einen Rand hochziehen. Tomatenmark aufstreichen. Die Auberginen-Tomaten-Mischung, die Quarkmischung und den Schinken auf dem Teig verteilen. Oregano, Majoran und Basilikum aufstreuen. Im vorgeheizten Backofen bei 220 °C (Gas Stufe 4, Umluft 200 °C) etwa 20 Minuten backen.

## Hufeisen

400 g Kartoffeln (mehligkochend)
500 g Mehl
50 g Hefe
1/2 TL Zucker
1/4 l Milch
2 Eier
250 g abgetropfter Quark
1/2 TL Salz

**Für die Füllung**

600 g Zwiebeln
30 g Butterschmalz
125 g abgetropfter Quark
125 g Frischkäse
150 g Reibekäse
5 EL gehackte Kräuter (Schnittlauch, Petersilie, Majoran)

**Außerdem**

2 Eigelb
2 EL Milch
4 EL Kürbiskerne

Die Kartoffeln in der Schale kochen, pellen und durch die Kartoffelpresse drücken. Das Mehl in eine Schüssel sieben, in die Mitte eine Vertiefung drücken. Hefe und Zucker in etwas lauwarmer Milch verrühren, in die Vertiefung gießen, ein wenig Mehl vom Rand hineingeben und zu einem breiartigen Vorteig verrühren. Zugedeckt an einen warmen Platz stellen und 20 Minuten gehen lassen. Auf dem Mehlrand Eier, Quark und Salz verteilen. Die Zutaten von der Mitte her zu einem glatten Teig verkneten. Dabei die restliche Milch verarbeiten. Zugedeckt 30 Minuten an einem warmen Ort gehen lassen.

Für die Füllung die Zwiebeln schälen und fein hacken. Das Butterschmalz erhitzen, die Zwiebeln hineingeben und 5 Minuten rösten. Auskühlen lassen. Den Teig durchkneten und ausrollen. Quark und Frischkäse zu den Zwiebeln in die Pfanne geben. Alles vermischen und auf den Teig streichen. Den Reibekäse und die Kräuter darüber streuen.

Den Teig aufrollen und zu einem Hufeisen formen. Ein Backblech einfetten, das Hufeisen darauf legen. Eigelb und Milch verrühren, das Hufeisen damit bestreichen und mit Kürbiskernen verzieren. Im vorgeheizten Backofen bei 200 °C (Gas Stufe 3, Umluft 180 °C) etwa 35 Minuten backen. Herausnehmen und heiß servieren oder zum Auskühlen auf ein Kuchengitter legen.

# Pikanter Schinkenkuchen

200 g abgetropfter Speisequark
1 Ei
1/2 TL Salz
6 EL Milch
1/8 l Öl
400 g Mehl
2 gestr. TL Backpulver

**Für den Belag**

500 g Schinkenspeck
200 ml saure Sahne
150 g abgetropfter Speisequark
4 Eier
Salz
Paprikapulver edelsüß
12 Käsescheiben

**Außerdem**

Paprikapulver edelsüß

Für den Teig den Quark durch ein Sieb in eine Schüssel streichen. Mit Ei, Salz, Milch und Öl verrühren. Mehl und Backpulver vermischen und nach und nach zur Quarkmischung geben. Gut verkneten. Auf bemehlter Fläche ausrollen. Ein Backblech einfetten, den Teig auflegen. Für den Belag den Schinkenspeck in dünne Scheiben schneiden und auf dem Teig verteilen. Saure Sahne, Quark und Eier verquirlen, mit Salz und Paprika würzen, die Schinkenscheiben übergießen. Im vorgeheizten Backofen bei 200 °C (Gas Stufe 3, Umluft 180 °C) etwa 20 Minuten backen. Die Käsescheiben darauf geben und weitere 5 Minuten backen. Mit Paprikapulver bestreuen.

# Spargelkuchen

500 g Mehl
2 gestr. TL Backpulver
1 Eigelb
2 Eiweiß
2 EL Milch
$^{1}/_{2}$ TL Salz
Frisch gemahlener weißer Pfeffer
300 g kalte Butter

**Für den Belag**
1,5 kg gekochter grüner Spargel
$^{1}/_{8}$ l Spargelbrühe
200 g abgetropfter Quark
100 ml Sahne
8 Eier
Salz
Je 3 EL frisch gewiegter Kerbel und Petersilie

Das Mehl mit dem Backpulver vermischen und in eine Schüssel sieben, in die Mitte eine Vertiefung drücken. Eigelb, Eiweiß, Milch, Salz und Pfeffer in die Vertiefung geben, mit etwas Mehl bedecken und einen Brei herstellen. Die Butter in Stücke schneiden, auf den Brei legen, mit Mehl bedecken und von der Mitte her die Zutaten gut verkneten. 30 Minuten kalt stellen. Den Teig auf bemehlter Fläche ausrollen, auf ein Backblech legen, leicht andrücken und mit einer Gabel mehrmals einstechen.
Für den Belag die Spargelköpfe abschneiden, den Rest in Stücke schneiden. Spargelköpfe und Spargelstücke auf dem Teig anordnen. Die Spargelbrühe mit dem

Quark und der Sahne verrühren. Nach und nach die Eier einrühren, Salz und Kräuter zufügen und die Mischung über dem Spargel verteilen. Im vorgeheizten Backofen bei 200 °C (Gas Stufe 3, Umluft 180 °C) etwa 40 Minuten backen.

## Quark-Gemüse-Kranz

500 g Kartoffeln (mehligkochend)
500 g Mehl
60 g Hefe
1/2 TL Zucker

**Für die Füllung**

1 trockenes Brötchen
1 Zwiebel
1 Zucchini (100 g)
3 Tomaten
125 g Champignons
1 EL Butterschmalz
Salz
1/4 l Milch
4 Eier
300 g abgetropfter Speisequark
1/2 TL Salz
1 EL Kräuter der Provence
Frisch gemahlener weißer Pfeffer
600 g Gehacktes

**Außerdem**

1 Eigelb
1 EL Milch

Für den Teig die Kartoffeln in der Schale kochen, pellen und sofort durch die Kartoffelpresse drücken. Das Mehl in eine Schüssel sieben, in die Mitte eine Vertiefung drücken. Die Hefe mit dem Zucker in lauwarmer Milch auflösen und in die Vertiefung gießen. Mit etwas Mehl vom Rand einen dicklichen Vorteig bereiten. Zugedeckt 30 Minuten gehen lassen. Auf dem Mehlrand Eier, Quark, Salz und Kräuter verteilen. Von der Mitte her die Zutaten zu einem glatten Teig verkneten, die restliche Milch einarbeiten. Zugedeckt 1 Stunde gehen lassen.

Für die Füllung das Brötchen in Wasser einweichen. Die Zwiebel pellen und fein hacken. Zucchini waschen und in kleine Würfel schneiden. Die Tomaten überbrühen, die Haut abziehen, die Tomaten in Würfel schneiden, dabei den Stielansatz entfernen. Die Champignons fein blättrig schneiden. In einer Pfanne das Butterschmalz erhitzen, das Gemüse hineingeben und 5 Minuten dünsten. Mit Salz und Pfeffer würzen. Auskühlen lassen. Das ausgedrückte Brötchen, das Gehackte und das Gemüse in eine Schüssel geben und gut vermischen. Mit Salz und Pfeffer abschmecken. Den Teig nochmals durchkneten und ausrollen, die Fleischfüllung aufstreichen, den Teig aufrollen und zu einem Kranz formen. Ein Backblech einfetten, den Teigkranz mit der Naht nach unten auflegen. Eigelb und Milch verrühren, den Kranz damit bestreichen. Im vorgeheizten Backofen bei 200 °C (Gas Stufe 3, Umluft 180 °C) etwa 40 Minuten backen.

# Zucchini-Quark-Kuchen

200 g abgetropfter Speisequark
6 EL Milch
1 Ei
1/8 l Öl
1/2 TL Salz
400 g Mehl
2 TL Backpulver

**Für den Belag**

1,5 kg Zucchini
2 Knoblauchzehen
200 g abgetropfter Speisequark
200 g Doppelrahm-Frischkäse
4 Eier
200 ml Sahne
Salz
Frisch gemahlener schwarzer Pfeffer

Den Quark in eine Schüssel geben, Milch, Ei, Öl und Salz unterrühren. Mehl und Backpulver vermischen, auf die Quarkmasse sieben und untermischen. Den Teig gut durchkneten und ausrollen. Ein Backblech einfetten, den Teig auflegen und einen Rand hochziehen.

Für den Belag die Zucchini waschen, abtrocknen, fein hobeln und gleichmäßig auf dem Teig verteilen. Den Knoblauch schälen und fein hacken. In einer Schüssel Quark, Frischkäse, Knoblauch, Eier, Sahne, Salz und Pfeffer verrühren. Die Masse über den Kuchen ziehen. Im vorgeheizten Backofen bei 200 °C (Gas Stufe 3, Umluft 180 °C) etwa 45 Minuten backen.

# Eclairs mit Käsecreme

150 g Mehl
1 EL Speisestärke
50 g Butter
5 Eier
1 TL Backpulver
**Für die Füllung**
300 g abgetropfter Speisequark
150 g Frischkäse
150 g Ziegenkäse
1/8 l Sahne
2 Knoblauchzehen
5 EL Pinienkerne
4 EL Basilikum
Salz
Grober Pfeffer

Für den Teig Mehl und Speisestärke vermischen. Die Butter mit 1/4 l Wasser in einen Topf geben, zum Kochen bringen, vom Herd nehmen. Die Mehlmischung hineingeben und verrühren. Wieder auf den Herd setzen und unter Rühren etwa 1 Minute erhitzen, bis sich der Teig vom Topfboden löst. Die Masse in eine Schüssel geben, nach und nach die Eier einrühren. Zuletzt das Backpulver untermischen. Ein Backblech mit Backpapier auslegen. Den Teig in einen Spritzbeutel mit großer Lochtülle füllen und fingerlange Streifen auf das Backblech spritzen. Im vorgeheizten Backofen bei 200 °C (Gas Stufe 3, Umluft 180 °C) etwa 15 Minuten goldgelb backen. Herausnehmen, jedes Eclair sofort waagerecht durchschneiden und auskühlen lassen.

Für die Füllung den Quark durch ein Sieb in eine Schüssel streichen und mit dem Frischkäse, dem Ziegenkäse und der Sahne verrühren. Die Knoblauchzehen pellen, fein hacken, die Pinienkerne in einer Pfanne ohne Fett rösten. Knoblauch, Pinienkerne und Basilikum unter die Quarkcreme rühren. Mit Salz und Pfeffer abschmecken. Die Eclairs mit der Quarkcreme füllen.

## Pikante Quarktorte

125 g Mehl
1 Ei
1 kräftige Prise Salz
70 g kalte Butter

**Für den Belag**
50 g weiche Butter
250 g abgetropfter Quark
250 g Frischkäse
2 Eigelb
4 EL Schmand
2 EL gehackte Schalotten
2 Knoblauchzehen
Salz
Weißer Pfeffer

**Für die Dekoration**
24 Stangen grüner Spargel
Salz
20 g Butter
1 TL Zucker
24 dünne Scheiben gekochter Schinken
200 g Frischkäse
100 g Crème fraîche
2 EL Sahne
Weißer Pfeffer
Paprikapulver edelsüß
Basilikumblättchen

Das Mehl in eine Schüssel sieben, in die Mitte eine Vertiefung drücken. Ei, 1 EL Wasser und Salz in die Vertiefung geben, mit der Hälfte des Mehls vermischen. Die Butter in Stücken darauf geben, alle Zutaten gut verkneten. Eine Kugel formen, 30 Minuten kalt stellen. Dann den Teig in eine Springform geben, leicht andrücken, mit einer Gabel mehrmals einstechen. Im vorgeheizten Backofen bei 200 °C (Gas Stufe 3, Umluft 180 °C) 10 Minuten backen. Herausnehmen, zum Auskühlen auf ein Kuchengitter setzen.

Für den Belag Butter, Quark, Frischkäse, Eigelb, Schmand, Schalotten und fein gehackten Knoblauch verrühren und mit Salz und Pfeffer würzen. Die Quarkmasse auf dem Teigboden gut verteilen und kalt stellen.

Für die Dekoration den Spargel von den holzigen Enden befreien, in kochendem Salzwasser mit Butter und Zucker 10 Minuten garen, im Sud erkalten lassen. Herausnehmen und trockentupfen. Die Schinkenscheiben zu Tüten aufrollen und abwechselnd mit dem Spargel auf der Quarktorte zu einer Blüte legen. Frischkäse, Crème fraîche und Sahne verrühren, mit Salz und Pfeffer würzen. Die Creme in einen Spritzbeutel mit Sterntülle füllen und Rosetten in die Schinkentütenöffnungen spritzen, mit Paprikapulver bestreuen. Die Torte mit Basilikumblättern garnieren.

## Frühlingstorte

250 g Mehl
20 g Hefe
1 Prise Zucker
1/8 l Milch
50 g Butter
1 TL getrockneter Oregano
1 EL gehackte Walnusskerne

**Für den Belag**
150 g Brokkoli
125 g Zucchini
150 g Prinzessbohnen
Salz
3 Tomaten
1 kleine Zwiebel
1 Knoblauchzehe
125 g Mozzarella
150 g Speisequark
125 g Crème fraîche
6 kleine Salbeiblätter
2 EL Walnussöl

**Außerdem**
20 Walnusshälften

Für den Teig das Mehl in eine Schüssel sieben und in die Mitte eine Vertiefung drücken. Die Hefe mit dem Zucker in der Milch verrühren, in die Vertiefung gießen und mit etwas Mehl vom Rand zu einem Vorteig verrühren. Zugedeckt 20 Minuten an einem warmen Ort gehen lassen. Auf dem Mehlrand die Butter, Oregano und Walnusskerne verteilen und von der Mitte her die Zutaten zu einem glatten Teig verkneten. Nochmals 20 Minuten gehen lassen. Für den Belag Brokkoli, Zucchini und Prinzessbohnen putzen, zerkleinern und in Salzwasser 5 Minuten garen, kalt abschrecken und abgießen. Die

Tomaten überbrühen, die Haut abziehen, die Tomaten würfeln, dabei den Stielansatz entfernen. Zwiebel und Knoblauchzehe schälen, fein hacken und mit den Tomaten vermischen. Den Mozzarella in kleine Würfel schneiden. Quark und Crème fraîche verrühren.

Den Teig auf bemehlter Fläche ausrollen. Eine Springform einfetten, den Teig einfüllen, einen Rand hochziehen, den Boden mit einer Gabel mehrmals einstechen. Die Quarkmasse aufstreichen, das Gemüse und die Tomatenmischung in Streifen darauf anordnen. Mozzarella und Salbeiblätter darüber geben, alles mit Öl beträufeln. Im vorgeheizten Backofen bei 200 °C (Gas Stufe 3, Umluft 180 °C) etwa 35 Minuten backen. Herausnehmen, mit Walnusshälften dekorieren.

## Quark-Käse-Torte

300 g Mehl
4 gestr. TL Backpulver
250 g abgetropfter Quark
1/2 TL Salz
250 g kalte Butter

**Für die Füllung**

250 g abgetropfter Quark
250 g Doppelrahm-Frischkäse
125 g weiche Butter
300 g Roquefort
4 EL Zitronensaft
4 EL Sherry

Für den Teig Mehl und Backpulver gut vermischen, in eine Schüssel sieben und in die Mitte eine Vertiefung drücken. Den Quark durch ein Sieb in die Vertiefung streichen. Anschließend das Salz zugeben. Die Butter in kleinen Stücken auf den Quark geben, mit Mehl bedecken, danach die Zutaten von der Mitte her gut verkneten. Den Teig etwa 5 mm dick ausrollen, mehrmals zusammenschlagen und wieder ausrollen. Diesen Vorgang dreimal wiederholen. Zuletzt den Teig über Nacht kalt stellen.

Am nächsten Tag den Teig nochmals gut durchkneten und in vier Stücke teilen. Jedes Teigstück auf leicht bemehlter Fläche ausrollen. Den Boden einer Springform mit kaltem Wasser abspülen, die erste Teigplatte auflegen und im vorgeheizten Backofen bei 200 °C (Gas Stufe 3, Umluft 180 °C) etwa 10 Minuten backen. Herausnehmen und auf einem Kuchengitter auskühlen lassen. Die restlichen drei Teigböden auf die gleiche Weise backen.

Für die Füllung den Quark durch ein Sieb in eine große Schüssel streichen und mit dem Frischkäse, der Butter, dem Roquefort, dem Zitronensaft und dem Sherry verrühren. Auf den Böden jeweils die Quarkmasse verstreichen. Zum Schluss die Böden vorsichtig aufeinandersetzen.

# Kümmeltaler

200 g Mehl
100 g abgetropfter Quark
1/2 TL Salz
100 g kalte Butter
1 Eigelb
2 EL Kümmel
**Für die Füllung**
100 g Schafskäse
100 g abgetropfter Quark
100 g Doppelrahm-Frischkäse
1 EL weiche Butter
1 EL gehackte Schalotte
2 EL gehackte Petersilie
Salz
Frisch gemahlener weißer Pfeffer
Paprikapulver edelsüß

Für den Teig das Mehl in eine Schüssel sieben, in die Mitte eine Vertiefung drücken, den Quark und das Salz in die Vertiefung geben und mit etwas Mehl vom Rand vermischen. Die Butter in Stücken darüber geben. Alle Zutaten gut verkneten. Eine Kugel formen, 30 Minuten kalt stellen.

Auf bemehlter Fläche 1/2 cm dick ausrollen, Plätzchen von 5 cm Durchmesser ausstechen. Mit verquirltem Eigelb bestreichen, mit Kümmel bestreuen und auf ein Backblech setzen. Im vorgeheizten Backofen bei 200 °C (Gas Stufe 3, Umluft 180 °C) etwa 15 Minuten backen. Herausnehmen, auf dem Kuchengitter auskühlen lassen.

Für die Füllung den Schafskäse mit einer Gabel zerdrücken mit Quark, Frischkäse, Butter, Schalotte und Petersilie verrühren und mit Salz, Pfeffer und Paprika würzen. Die Taler damit bestreichen und beliebig aufeinandersetzen.

## Mohntaschen

500 g Blätterteig (TK)
250 g gekochter Schinken
2 mittelgroße Zwiebeln
1 EL Butter
125 g abgetropfter Speisequark
2 Eigelb
3 EL Mohn

Den Blätterteig auftauen und auf bemehlter Fläche ausrollen. Mit einem Teigrädchen Quadrate von 8 x 8 cm ausrädeln. Den Schinken in Würfel schneiden. Die Zwiebeln schälen und fein hacken. Die Butter erhitzen, Schinken und Zwiebeln 5 Minuten dünsten. Auskühlen lassen. Den Quark einrühren.
Die Masse auf die Hälfte der Teigquadrate verteilen, die restlichen Teigquadrate aufsetzen. Mit Eigelb bestreichen und mit Mohn bestreuen. Ein Backblech mit Backpapier auslegen, die Mohntaschen darauf geben und im vorgeheizten Backofen bei 200 °C (Gas Stufe 3, Umluft 180 °C) 20 Minuten backen.

# Feine Quarktorten

## Quarktorte ohne Boden

250 g Butter
200 g Zucker
1 Päckchen Vanillezucker
6 Eier (getrennt)
1 TL abgeriebene, unbehandelte Zitronenschale
4 EL Zitronensaft
1 Päckchen Vanille-Puddingpulver
2 EL Grieß
1 Päckchen Backpulver
1 Prise Salz
125 g gehobelte Mandeln
1 1/2 kg Speisequark
80 g Puderzucker

Die Butter in eine Schüssel geben und schaumig schlagen. Zucker und Vanillezucker einrühren. Nach und nach das Eigelb dazugeben, Zitronenschale und Zitronensaft zufügen. Puddingpulver, Grieß und Backpulver vermischen und mit dem Salz und den Mandeln zur Buttermasse geben. Gut verrühren.
Den Quark in ein Leintuch füllen und auspressen. Den trockenen Quark zum Teig geben und alles glatt rühren. Das Eiweiß steif schlagen und vorsichtig unter den Teig heben. Eine Springform einfetten, den Teig hineingeben

und glatt streichen. Im vorgeheizten Backofen bei 200 °C (Gas Stufe 3, Umluft 180 °C) etwa 1 Stunde backen. Herausnehmen und mit Puderzucker bestäuben. Kühl stellen. Vor dem Servieren kandierte Rosenblütenblätter (siehe S. 58) oder gepflückte und gereinigte Kapuzinerkresseblüten aufstreuen.

## Quarktorte mit Knusperdecke

200 g Mehl
1 TL Backpulver
80 g Zucker
2 Eigelb
1 Prise Salz
1 EL Milch
100 g kalte Butter

**Für den Belag**

600 g abgetropfter Speisequark
80 g weiche Butter
125 g Zucker
3 Eigelb
1 Päckchen Vanille-Puddingpulver
1/4 l Milch
1/4 l Sahne

**Für die Knusperdecke**

3 Eiweiß
80 g Zucker

Für den Teig Mehl und Backpulver vermischen und in eine Schüssel sieben. In die Mitte eine Vertiefung drücken. Zucker, Eigelb, Salz und Milch in die Vertiefung geben und mit einem Teil des Mehls vermischen. Die Butter in

Stücken darauf geben, dann die Zutaten gut verkneten. Eine Kugel formen und 30 Minuten kalt stellen. Den Teig in eine gefettete Springform füllen. Einen Rand hochziehen, den Teig leicht andrücken und den Boden mehrmals mit einer Gabel einstechen.

Für den Belag Quark, Butter, Zucker und Eigelb verrühren. Das Puddingpulver mit etwas Milch verquirlen und unter die Quarkmasse rühren. Die restliche Milch und die Sahne ebenfalls einrühren. Die Masse auf den Teig geben. Im vorgeheizten Backofen bei 180 °C (Gas Stufe 2, Umluft 160 °C) 50 Minuten backen.

Für die Decke Eiweiß und Zucker zu steifem Schnee schlagen, auf dem Kuchen verteilen und noch 10 Minuten backen.

# Feine Käsetorte

200 g Mehl
1 TL Backpulver
70 g Zucker
1 Ei
2 EL Milch
100 g kalte Butter

**Für den Belag**

50 g Korinthen
1 EL Rum
2 Päckchen Mandel-Puddingpulver
1/2 l Milch
200 g Zucker
2 EL geriebene Mandeln
800 g abgetropfter Speisequark
3 Eiweiß

**Außerdem**

Puderzucker

Für den Teig Mehl und Backpulver vermischen und in eine Schüssel sieben. In die Mitte eine Vertiefung drücken. Zucker, Ei und Milch in die Vertiefung geben, mit etwas Mehl zu einem dicklichen Brei vermischen. Die Butter in Stücken darauf geben, alles gut verkneten. Eine Kugel formen und 30 Minuten kalt stellen. Den Teig in eine gefettete Springform geben, einen Rand hochziehen, den Teig leicht andrücken und mit einer Gabel mehrmals einstechen. Im vorgeheizten Backofen bei 200 °C (Gas Stufe 3, Umluft 180 °C) 10 Minuten vorbacken.
Für den Belag die Korinthen waschen, abtrocknen und mit Rum beträufeln. Das Puddingpulver in etwas kalter

Milch mit der Hälfte des Zuckers verrühren. Die restliche Milch zum Kochen bringen, das Puddingpulver einrühren, aufkochen lassen, vom Herd nehmen. Die Mandeln und den Quark zugeben, unter Rühren nochmals aufkochen lassen. Vom Herd nehmen, die Korinthen einrühren. Das Eiweiß mit dem restlichen Zucker steif schlagen und unterheben. Die heiße Quarkmasse auf den vorgebackenen Teigboden geben und noch weitere 50 Minuten bei 180 °C (Gas Stufe 2, Umluft 160 °C) backen. Herausnehmen, in der Form auskühlen lassen, mit Puderzucker bestäuben.

## Quarktorte Elise

200 g Mehl
50 g Zucker
1 Päckchen Vanillezucker
1 Prise Salz
1 Ei
100 g kalte Butter
**Für die Quarkmasse**
8 Eier (getrennt)
200 g weiche Butter
125 g Zucker
1 Prise Salz
1 TL abgeriebene, unbehandelte Zitronenschale
800 g abgetropfter Speisequark
2 EL Speisestärke
100 g gehackte Mandeln
**Außerdem**
Puderzucker

Für den Teig das Mehl in eine Schüssel sieben, in die Mitte eine Vertiefung drücken. Zucker, Vanillezucker, Salz und das Ei in die Vertiefung geben. Etwas Mehl vom Mehlrand einarbeiten, einen dicklichen Brei bereiten, die Butter in Stückchen darauf geben, alle Zutaten gut verkneten. Ein Kugel formen, den Teig 30 Minuten kalt stellen.
Für die Quarkmasse in einer großen Schüssel Eigelb, Butter, Zucker, Salz und Zitronenschale schaumig schlagen. Den Quark nach und nach zugeben und alles schaumig schlagen. Das Eiweiß steif schlagen und auf die Quarkmasse geben, die Speisestärke darüber sieben, die Mandeln aufstreuen und alles vorsichtig unter die Quarkmasse heben.
Die Hälfte des Teiges in eine Springform geben, leicht andrücken und mit einer Gabel mehrmals einstechen. Aus dem restlichen Teig eine Rolle formen, so an den Springformrand drücken, dass ein 7 cm hoher Rand entsteht. Die Quarkmasse einfüllen und glatt streichen. Im vorgeheizten Backofen bei 180 °C (Gas Stufe 2, Umluft 160 °C) etwa 70 Minuten backen. Dabei darauf achten, dass die Decke nicht zu dunkel wird – eventuell mit Alufolie abdecken. Herausnehmen, einige Minuten in der Form auskühlen lassen, dann auf ein Kuchengitter geben. Mit Puderzucker bestäuben.

# Lukullus-Torte

180 g Mehl
½ TL Backpulver
65 g Zucker
1 Päckchen Vanillezucker
100 g kalte Butter

**Für den Belag**
1 Päckchen Vanille-Puddingpulver
200 g Zucker
½ l Milch
80 g weiche Butter
1 Prise Salz
4 EL Sahne
4 Eier
2 EL Rum
100 g gehackte Mandeln
1 kg abgetropfter Speisequark

**Für die Lukullusmasse**
150 g Kokosfett
125 g feiner Kristallzucker
3 EL Kakao
2 Eier
1 EL Rum

**Für die Verzierung**
4 unbehandelte Orangen
200 g Zucker
1 TL Kakao

Für den Teig Mehl und Backpulver vermischen, in eine Schüssel sieben, in die Mitte eine Vertiefung drücken. Zucker und Vanillezucker in die Vertiefung geben, die Butter in Stückchen auflegen, alles gut verkneten. Eine Kugel formen und 30 Minuten kalt stellen. Den Teig in eine Springform geben, einen Rand hochziehen, leicht andrücken und mit einer Gabel mehrmals einstechen. Für den Belag das Puddingpulver mit 2 EL Zucker in

etwas kalter Milch verquirlen. Die restliche Milch zum Kochen bringen, das Puddingpulver einrühren, aufkochen lassen, vom Herd nehmen und auskühlen lassen. Ab und zu umrühren, damit sich keine Haut bildet.
In einer Schüssel die Butter schaumig schlagen, den restlichen Zucker, Salz, Sahne und nach und nach die Eier einrühren. Rum, Mandeln und nach und nach den Quark und den ausgekühlten Pudding unterrühren. Die Masse auf dem Teig verteilen und glatt streichen. Bei 200 °C (Gas Stufe 3, Umluft 180 °C) etwa 1 Stunde backen. Herausnehmen und auskühlen lassen.
Für die Lukullusmasse das Kokosfett bei milder Hitze schmelzen. Zucker, Kakao, Eier und Rum verrühren, unter Rühren das Fett tropfenweise zugeben. Die ausgekühlte Torte mit der Masse überziehen. Kalt stellen.
Für die Verzierung die Orangen dünn abschälen. Die Schalen in einen Topf geben, so viel Wasser zugeben, dass die Schalen bedeckt sind. 5 Minuten sprudelnd kochen lassen, danach herausnehmen, trockentupfen und in dünne Streifen schneiden. 150 g Zucker und 1/8 l Wasser in einem Topf aufkochen lassen, die Orangenstreifen hineingeben und 20 Minuten köcheln lassen. Herausnehmen, abtropfen lassen. Den restlichen Zucker mit dem Kakao vermischen, die Orangenstreifen darin wälzen und dekorativ auf der Torte anordnen.

## Quarktorte mit Gitter

300 g Mehl
2 TL Backpulver
100 g Zucker
1 Päckchen Vanillezucker
1 Prise Salz
1 Ei
2 EL Milch
150 g kalte Butter

**Für den Belag**

800 g abgetropfter Speisequark
180 g Zucker
1 Päckchen Vanillezucker
2 Eigelb
100 ml Sahne
1 Päckchen Mandel-Puddingpulver
100 g gehackte Mandeln
3 Eiweiß

**Außerdem**

1 Eigelb
Puderzucker

Mehl und Backpulver vermischen und in eine Schüssel sieben. In die Mitte eine Vertiefung drücken. Zucker, Vanillezucker, Salz, Ei und Milch hineingeben und mit etwas Mehl einen dicklichen Brei bereiten. Die Butter in Stücken obenauf geben, alle Zutaten zu einem glatten Teig verkneten. Eine Kugel formen, 30 Minuten kalt stellen. Ein Drittel des Teiges für das Gitter beiseite legen. Den restlichen Teig in eine Springform füllen, einen Rand hochziehen, den Teig leicht andrücken und mit einer Gabel mehrmals einstechen.

Den Quark in eine Schüssel geben und mit Zucker,

Vanillezucker, Eigelb, Sahne, Puddingpulver und Mandeln verrühren. Das Eiweiß steif schlagen und unterheben. Die Quarkmasse auf den Teig streichen. Bei 200 °C (Gas Stufe 3, Umluft 180 °C) 45 Minuten backen.
Den beiseite gelegten Teig in der Größe der Springform ausrollen, in 16 gleichmäßig breite Streifen schneiden und mit Eigelb bestreichen. Die Streifen auf der Quarktorte anordnen und noch 15 Minuten weiter backen. Mit Puderzucker bestäuben.

## Hummel-Quark-Torte

150 g Mehl
1 TL Backpulver
70 g Zucker
2 Eigelb
2 EL Milch
80 g kalte Butter

**Für den Belag**
800 g abgetropfter Quark
3 Eigelb
150 g Zucker
80 g weiche Butter

**Für die Hummeldecke**
150 g Butter
100 g Zucker
2 EL Bienenhonig
200 g gehobelte Mandeln
2 EL Milch

Für den Teig Mehl und Backpulver vermischen und in eine Schüssel sieben. In die Mitte eine Vertiefung drücken.

Zucker, Eigelb und Milch in die Vertiefung geben und mit einem Teil des Mehles zu einem dicklichen Brei verarbeiten. Die Butter in Stücken obenauf geben, alle Zutaten gut verkneten. Eine Kugel formen, den Teig 30 Minuten kalt stellen. Den Teig in eine Springform geben, einen Rand hochziehen, den Teig leicht andrücken und mit einer Gabel mehrmals einstechen.

Für den Belag den Quark in eine Schüssel geben und mit dem Eigelb, Zucker und der Butter verrühren. Die Quarkmasse auf den Teig geben. Für die Hummeldecke Butter, Zucker und Honig erhitzen und einmal aufwallen lassen. Vom Herd nehmen, die Mandeln einrühren, zuletzt die Milch unterrühren. Sobald die Masse ausgekühlt ist, auf dem Quark verteilen und glatt streichen. Im vorgeheizten Backofen bei 200 °C (Gas Stufe 3, Umluft 180 °C) etwa 1 Stunde backen.

# Orangen-Quark-Torte

150 g Mehl
$1/2$ TL Backpulver
70 g Zucker
1 Päckchen Vanillezucker
1 Ei
70 g kalte Butter

**Für den Belag**

1 Päckchen Vanille-Puddingpulver
2 EL Zucker
$1/2$ l Orangensaft
150 g Speisequark
150 g Frischkäse
$1/8$ l Sahne
150 g weiße Kuvertüre

**Für die Verzierung**

3 unbehandelte Orangen
180 g Zucker
100 g Zartbitterschokolade
12 Rosenblätter

Für den Teig Mehl und Backpulver vermischen und in eine Schüssel sieben, in die Mitte eine Vertiefung drücken. Zucker, Vanillezucker und das Ei in die Vertiefung geben und mit einem Teil des Mehl einen dicklichen Brei bereiten. Die Butter in Stücken darauf geben, alle Zutaten gut verkneten. Eine Kugel formen und 30 Minuten kalt stellen. Den Teig in eine Tortenform geben, einen Rand hochziehen, den Teig leicht andrücken und mit einer Gabel mehrmals einstechen. Im vorgeheizten Backofen bei 200 °C (Gas Stufe 3, Umluft 180 °C) etwa 15 Minuten backen. Herausnehmen, den Boden aus der Form lösen und auf einem Kuchengitter auskühlen lassen.

Für den Belag das Puddingpulver mit dem Zucker in etwas Orangensaft verrühren, den restlichen Saft zum Kochen bringen. Das Puddingpulver einrühren, einige Male aufwallen lassen, dann auskühlen lassen. Dabei ab und zu umrühren, damit sich keine Haut bildet. Quark und Frischkäse verrühren, den Pudding unterrühren. Die Sahne steif schlagen und unterziehen. Kalt stellen. Die Kuvertüre zerkleinern, im Wasserbad schmelzen, auskühlen lassen und nochmals erwärmen. Den Tortenboden damit bestreichen. Sobald die Kuvertüre fest geworden ist, die Quarkcreme darauf streichen.
Für die Verzierung die Orangen in breiten Streifen schälen und die Schalen in einen Topf geben. So viel Wasser zugeben, dass sie bedeckt sind. Erhitzen und 5 Minuten sprudelnd kochen. Herausnehmen, trockentupfen und in dünne Streifen schneiden. 150 g Zucker und 1/8 l Wasser zum Kochen bringen, die Orangenstreifen hineingeben und 30 Minuten köcheln lassen. Herausnehmen und im restlichen Zucker wälzen. Die Schokolade zerkleinern und im Wasserbad schmelzen. Rosenblätter waschen, trockentupfen und auf der Oberseite mit der flüssigen Schokolade bepinseln. Sobald die Schicht fest geworden ist, noch mal bepinseln und kalt stellen. Dann die Blätter abziehen. Mit den Schokoladenblättchen und den Orangenstreifen die Torte verzieren.

# Heidelbeertorte

**Für den 1. Teig**
150 g Mehl
1 TL Backpulver
50 g Zucker
1 Päckchen Vanillezucker
2 Eigelb
1 EL Milch
100 g kalte Butter
125 g Himbeerkonfitüre

**Für den 2. Teig**
6 Eier (getrennt)
150 g Zucker
1 Päckchen Vanillezucker
100 g Mehl
75 g Speisestärke
2 EL Kakao

**Für den Belag**
6 Blatt weiße Gelatine
200 g Speisequark
200 g Doppelrahm-Frischkäse
125 g Zucker
1 TL abgeriebene, unbehandelte Zitronenschale
4 EL Zitronensaft
100 ml Heidelbeersaft
500 g Heidelbeeren
400 ml Sahne

**Außerdem**
Schokoladenraspel

Für den ersten Teigboden Mehl und Backpulver vermischen, in eine Schüssel sieben, in die Mitte eine Vertiefung drücken. Zucker, Vanillezucker, Eigelb und Milch in die Vertiefung geben, einen dicklichen Teig kneten. Die Butter in Stückchen darauf geben, alle Zutaten gut verkneten. Eine Kugel formen und 30 Minuten kalt stellen.

Den Teig auf den Boden einer Springform geben, rundum leicht andrücken und mit einer Gabel mehrmals einstechen. Im vorgeheizten Backofen bei 180 °C (Gas Stufe 2, Umluft 160 °C) etwa 10 Minuten backen.
Für den zweiten Teigboden Eigelb und 3 EL warmes Wasser schaumig schlagen, Zucker und Vanillezucker unterrühren. Weiterschlagen, bis die Masse cremig ist. Das Eiweiß steif schlagen, auf die Eigelbmasse geben. Mehl, Speisestärke und Kakao darüber sieben. Alles vorsichtig unter die Eigelbmasse ziehen.
Eine Springform mit Backpapier auslegen, den Teig einfüllen und im vorgeheizten Backofen bei 180 °C (Gas Stufe 2, Umluft 160 °C) 30 Minuten backen. Herausnehmen, auskühlen lassen. Aus der Form nehmen, das Backpapier abziehen. Den ersten Teigboden mit Himbeerkonfitüre bestreichen und den zweiten aufsetzen.
Für den Belag die Gelatine in kaltem Wasser einweichen. Quark, Frischkäse, Zucker, Zitronenschale und Zitronensaft verrühren. Die Gelatine in leicht erwärmtem Heidelbeersaft auflösen und zur Quarkmasse geben. Zwei Drittel der Heidelbeeren einrühren. Kalt stellen. Sobald die Masse fest wird, die Sahne steif schlagen und unterheben. Die Creme auf den dunklen Tortenboden geben, die restlichen Heidelbeeren darauf verteilen. Kalt stellen. Vor dem Servieren mit Schokoraspeln garnieren.

# Mandeltorte mit feiner Füllung

100 g weiche Butter
200 g Zucker
1 TL abgeriebene, unbehandelte Orangenschale
4 Eier
125 g Mehl
100 g gemahlene Mandeln
2 EL Orangenlikör
50 g Mandelblättchen

**Für die Füllung**

4 Blatt weiße Gelatine
100 g abgetropfter Quark
150 g Frischkäse
2 Eier
2 EL Zucker
4 EL Zitronensaft
2 EL Orangenlikör
1/4 l Sahne
125 g geröstete Mandelblättchen

**Außerdem**

Puderzucker

Für den Teig in einer Schüssel Butter, Zucker und Orangenschale schaumig rühren. Vorsichtig die Eier einrühren. Mehl und Mandeln vermischen und nach und nach unterrühren. Den Likör unterziehen. Eine Springform einfetten, Teig einfüllen, mit Mandelblättchen bestreuen. Im vorgeheizten Backofen bei 180 °C (Gas Stufe 2, Umluft 160 °C) etwa 40 Minuten backen. Herausnehmen, auskühlen lassen, auf ein Kuchengitter setzen. Für die Füllung die Gelatine in kaltem Wasser einweichen. In einer Schüssel Quark, Frischkäse, Eigelb, Zucker und Zitronensaft verrühren. Den Orangenlikör leicht

erwärmen, die abgetropfte Gelatine darin auflösen und unter die Quarkmasse ziehen. Kalt stellen. Sobald die Masse fest wird, die Sahne steif schlagen und unterheben. Das Eiweiß ebenfalls steif schlagen und unterziehen. 30 Minuten kalt stellen.
Den ausgekühlten Tortenboden waagerecht durchschneiden. Die untere Hälfte mit der Quarkcreme bestreichen, die andere Hälfte aufsetzen und mit Mandelblättchen bedecken. Mit Puderzucker bestäuben.

## Bunte Beerentorte

4 Eier (getrennt)
150 g Zucker
1 Päckchen Vanillezucker
1 Prise Salz
100 g Mehl
50 g Speisestärke
1 TL Backpulver
80 g Butter

**Für die Füllung**
3 Blatt weiße Gelatine
400 g abgetropfter Quark
150 g Joghurt
4 EL Zucker
2 Päckchen Vanillezucker
Saft von 1/2 Zitrone
300 ml Sahne
300 g Himbeeren

**Außerdem**
150 g geraspelte Zartbitterschokolade
500 g Beerenobst (Erdbeeren, Himbeeren, Brombeeren, Heidelbeeren)
Minzeblättchen

Für den Teig das Eigelb in eine Schüssel geben und mit 2 EL warmem Wasser schaumig schlagen. Nach und nach Zucker und Vanillezucker zufügen. Weiter schlagen, bis die Masse cremig ist. Das Eiweiß mit etwas Salz steif schlagen und unterziehen. Mehl, Speisestärke und Backpulver vermischen, auf die Eimasse sieben und zusammen mit der zerlassenen, abgekühlten Butter vorsichtig unterheben. Dabei nicht rühren.

Eine Springform mit Backpapier auslegen, den Teig hineingeben und im vorgeheizten Backofen bei 180 °C (Gas Stufe 2, Umluft 160 °C) etwa 40 Minuten backen. Herausnehmen und etwas abkühlen lassen. Den Boden aus der Form nehmen und zum Auskühlen auf ein Kuchengitter setzen. Einmal waagerecht durchschneiden.

Für die Füllung die Gelatine in 3 EL kaltem Wasser in einem Töpfchen einweichen. Den Quark durch ein Sieb in eine Schüssel streichen. Mit Joghurt, Zucker, Vanillezucker und Zitronensaft verrühren. Die Gelatine leicht erwärmen, auflösen und unter die Quarkmasse rühren. Die Sahne steif schlagen und unterheben. Die Hälfte der Quarkmasse kühl stellen. Die Himbeeren unter fließendem Wasser kurz waschen, abtropfen lassen, pürieren und zur anderen Hälfte der Quarkmasse geben. Zwei Stunden in den Kühlschrank stellen.

Einen Tortenboden mit dem Himbeerquark bestreichen,

den anderen Boden darauf geben und rundum mit der hellen Quarkmasse bestreichen. Den Rand der Torte mit geraspelter Schokolade verzieren. Die Beeren waschen und putzen, die Erdbeeren halbieren. Mit den Beeren die Torte dekorieren. Minzeblättchen dazwischen streuen.

## Pfirsich-Quark-Torte

175 g Mehl
1 TL Backpulver
70 g Zucker
1 Päckchen Vanillezucker
1 Prise Salz
1 Ei
90 g Butter
5 EL Zucker
1 TL abgeriebene, unbehandelte Zitronenschale

**Für den Belag**
750 g Pfirsiche
5 Eier (getrennt)
200 g abgetropfter Speisequark
100 g Doppelrahm-Frischkäse
6 EL saure Sahne
2 EL gemahlene Mandeln

**Außerdem**
Puderzucker

Für den Teig Mehl und Backpulver vermischen und in eine Schüssel sieben. In die Mitte eine Vertiefung drücken, Zucker, Vanillezucker, Salz und Ei in die Vertiefung geben. Mit etwas Mehl einen dicklichen Brei be-

reiten. Die Butter in Stücken darauf geben, alle Zutaten gut verkneten. Eine Kugel formen, 30 Minuten kalt stellen. Den Teig in eine Springform füllen, einen Rand hochziehen, den Teig leicht andrücken und mit einer Gabel mehrmals einstechen. Im vorgeheizten Backofen bei 200 °C (Gas Stufe 3, Umluft 180 °C) 10 Minuten vorbacken.
Für die Füllung die Pfirsiche überbrühen, die Haut abziehen, dann die Pfirsiche halbieren und entsteinen. In einer Schüssel Quark, Frischkäse, saure Sahne, Eigelb, 4 EL Zucker und Zitronenschale verrühren. Das Eiweiß steif schlagen und unter die Quarkmasse ziehen.
Die Mandeln und den restlichen Zucker vermischen, auf den vorgebackenen Teig streuen, die Pfirsichhälften darauf anordnen, die Quarkmasse darüber geben. Im vorgeheizten Backofen bei 180 °C (Gas Stufe 2, Umluft 160 °C) etwa 1 Stunde backen. Herausnehmen und auskühlen lassen. Aus der Form nehmen, mit Puderzucker bestäuben.

# Früchte-Quark-Torte mit Marzipanröllchen

6 Eier
200 g Zucker
125 g Mehl
75 g Speisestärke
2 gestr. TL Backpulver
75 g gemahlene Haselnüsse
1/2 TL abgeriebene, unbehandelte Zitronenschale

**Für die Füllung**
500 g Erdbeeren
4 Blatt weiße Gelatine
3 Orangen
3 rosa Grapefruits
125 g Zucker
2 EL Speisestärke
4 Eigelb
200 g abgetropfter Speisequark
1/2 l Sahne

**Außerdem**
250 g Marzipanrohmasse
100 g Puderzucker
125 g gemahlene Pistazien
Orangenfilets von 4 Orangen

Für den Teig Eier und Zucker schaumig schlagen. Mehl, Speisestärke und Backpulver vermischen und auf die Eimasse sieben. Die Haselnüsse dazugeben und alles zusammen mit der Zitronenschale unterheben. Eine Springform mit Backpapier auslegen, den Teig einfüllen, glatt streichen und im vorgeheizten Backofen bei 180 °C (Gas Stufe 2, Umluft 160 °C) etwa 30 Minuten backen.

Herausnehmen, den Tortenboden auskühlen lassen, danach zweimal waagerecht durchschneiden.
Für die Füllung die Erdbeeren waschen, putzen und in Scheiben schneiden. Die Gelatine in etwas kaltem Wasser einweichen. Orangen und Grapefruits sehr gut auspressen. Den Saft mit Zucker und Speisestärke verrühren, zum Kochen bringen, vom Herd nehmen, 5 Minuten auskühlen lassen, dann das Eigelb einrühren. Die Masse auskühlen lassen, bis die Temperatur noch höchstens 50 °C beträgt, dann die eingeweichte und ausgedrückte Gelatine einrühren. Den Quark und die Erdbeeren unterheben. Die Sahne steif schlagen und unterziehen.
Zwei Tortenböden mit je einem Viertel der Creme bestreichen und aufeinander setzen. Den dritten Boden darauf legen. Die Torte rundum mit der Creme gleichmäßig bestreichen. Die restliche Creme in einen Spritzbeutel mit Lochtülle füllen und Rosetten auf den Tortenrand spritzen.
Für die Marzipanröllchen die Marzipanrohmasse mit dem Puderzucker verkneten. Aus der Masse dünne, fingerlange Röllchen formen und in der Hälfte der Pistazien wenden. Die restlichen Pistazien auf die Torte streuen. Die Orangenfilets kreisförmig auf der Torte verteilen. Die Marzipanröllchen an den Tortenrand drücken.

# Joghurt-Quark-Torte mit Himbeeren

4 Eier (getrennt)
150 g Zucker
1 Päckchen Vanillezucker
1 Prise Salz
100 g Mehl
50 g Speisestärke
1 TL Backpulver
50 g Butter

**Für die Füllung**

200 g Joghurt
4 EL Zucker
2 Päckchen Vanillezucker
Saft von 1/2 Zitrone
300 g abgetropfter Speisequark
3 Blatt weiße Gelatine
300 ml Sahne
300 g Himbeeren

**Außerdem**

150 g geröstete Mandelblättchen
700 g Himbeeren
Minzeblättchen

Das Eigelb in eine Schüssel geben und mit 2 EL warmem Wasser schaumig schlagen. Nach und nach Zucker und Vanillezucker zufügen. Weiterschlagen, bis die Masse cremig ist. Das Eiweiß mit etwas Salz steif schlagen und unterziehen. Mehl, Speisestärke und Backpulver vermischen, auf die Eimasse sieben und mit der zerlassenen, abgekühlten Butter vorsichtig unterheben. Dabei nicht rühren. Eine Springform mit Backpapier auslegen, den

Teig hineingeben und im vorgeheizten Backofen bei 180 °C (Gas Stufe 2, Umluft 160 °C) etwa 40 Minuten backen. Herausnehmen und etwas auskühlen lassen. Den Boden aus der Form nehmen und zum Auskühlen auf ein Kuchengitter setzen. Danach einmal waagerecht durchschneiden.

Für die Füllung Joghurt, Zucker, Vanillezucker und Zitronensaft verrühren. Den Quark durch ein Sieb streichen und unterrühren. Die Gelatine in 3 EL kaltem Wasser einweichen, erwärmen, auflösen und unter die Joghurt-Quark-Masse rühren. Die Sahne steif schlagen und unterheben. Die Himbeeren waschen, pürieren und unter die Quarkmasse heben. Zwei Stunden kalt stellen.

Einen Tortenboden mit der Hälfte der Himbeermasse bestreichen, den anderen Boden darauf geben und rundum mit der restlichen Masse bestreichen. Den Rand der Torte mit Mandelblättchen verzieren. Die Himbeeren waschen, abtropfen lassen und turmartig auf der Torte anordnen. Mit Minzeblättchen garnieren.

# Erdbeer-Quark-Torte mit Rum

175 g Butter
175 g Zucker
1 Prise Salz
3 Eier
125 g Mehl
1 EL Speisestärke
1 TL Backpulver

**Für den Belag**
4 Blatt weiße Gelatine
500 g abgetropfter Speisequark
4 EL Rum
4 EL Zucker
300 ml Sahne
1 kg Erdbeeren
100 g gemahlene Pistazien

Für den Teig Butter, Zucker und Salz schaumig schlagen. Nach und nach die Eier unterrühren. So lange weiterrühren, bis die Masse cremig ist. Mehl, Speisestärke und Backpulver vermischen, auf die Eimasse sieben und unterrühren. Eine Tortenform einfetten, den Teig einfüllen und glatt streichen. Im vorgeheizten Backofen bei 180 °C (Gas Stufe 2, Umluft 160 °C) etwa 30 Minuten backen. Den Tortenboden herausnehmen und auskühlen lassen.

Für den Belag die Gelatine in kaltem Wasser einweichen. Den Quark in eine Schüssel geben und mit Rum und Zucker verrühren. Die Gelatine tropfnass in einen kleinen Topf geben und bei milder Hitze auflösen. Die gelöste Gelatine unter die Quarkmasse rühren und diese kalt stellen. Sobald die Masse zu gelieren beginnt, die Sahne steif schlagen und unterheben. Die Erdbeeren waschen, putzen und halbieren. Die Quark-Sahne auf den Tortenboden geben, die Pistazien aufstreuen und die Erdbeeren darauf anordnen. Bis zum Servieren kalt stellen.

## Kokosnusstorte mit Quarkcreme

175 g Kokosraspel
200 g Butter
400 g Zucker
4 Eier
200 g saure Sahne
225 g Mehl
30 g Speisestärke
1/2 Päckchen Backpulver
1/8 l Kokosmilch (ungesüßt)
125 g Preiselbeergelee

**Für den Belag**
200 g abgetropfter Speisequark
200 g Doppelrahm-Frischkäse
100 g weiche Butter
200 g Zucker
1/8 l Sahne
200 g frische Kokosnuss

**Außerdem**
Puderzucker

Die Kokosraspel in einer Pfanne ohne Fett rösten. In einer Schüssel Butter und Zucker schaumig schlagen. Nach und nach die Eier einrühren und die saure Sahne unter-

rühren. Mehl, Speisestärke und Backpulver vermischen, aufsieben und unterheben. Die Kokosmilch und die ausgekühlten Kokosraspel unterrühren.
Eine Springform mit Backpapier auslegen, den Teig einfüllen und im vorgeheizten Backofen bei 180 °C (Gas Stufe 2, Umluft 160 °C) etwa 40 Minuten backen. Herausnehmen, noch 10 Minuten in der Form lassen, dann auf ein Kuchengitter stürzen und das Backpapier abziehen. Den Kuchen auskühlen lassen, danach waagerecht durchschneiden, so dass 2 Böden entstehen. Die untere Hälfte mit Preiselbeergelee bestreichen.

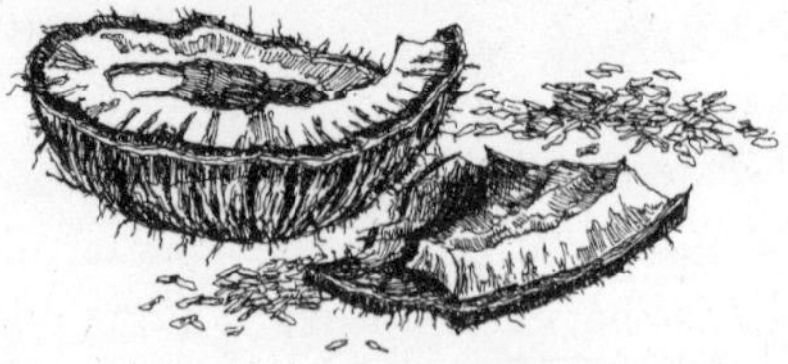

Für den Belag Quark, Frischkäse, Butter und Zucker verrühren. Die Sahne steif schlagen und unterheben. Das Kokosnussstück mit einem Sparschäler in dünne Streifen schneiden und in einer Pfanne ohne Fett goldgelb rösten. Auskühlen lassen.
Die untere Kuchenhälfte mit der Hälfte der Quarkcreme bestreichen, mit Kokosnussstreifen belegen und mit der restlichen Creme bedecken. Die andere Teighälfte aufsetzen. Dick mit Puderzucker bestäuben.

# Quarktorte mit Zimt und Rosinen

250 g Vollkornkekse
125 g Zucker
3 EL Kakao
80 g weiche Butter
1 Eiweiß

**Für den Belag**

4 EL Sultaninen
2 EL Rum
750 g abgetropfter Speisequark
250 g Frischkäse
1/8 l saure Sahne
125 g Zucker
2 EL Vanille-Puddingpulver
1 EL Zimt
2 EL gemahlene Mandeln
4 Eier

**Außerdem**

Puderzucker

Für den Teigboden die Kekse zerbröseln und mit Zucker, Kakao und Butter verrühren. Das Eiweiß leicht aufschlagen und ebenfalls unterrühren. Eine Springform einfetten, den Teig einfüllen und festdrücken.
Für den Belag die Sultaninen waschen, abtrocknen und mit dem Rum beträufeln. Quark und Frischkäse in eine Schüssel geben und mit der sauren Sahne, Zucker, Puddingpulver, Zimt, Mandeln und Eiern verrühren. Die Sultaninen unterziehen. Die Masse auf dem Teig verteilen. Im vorgeheizten Backofen bei 180 °C (Gas Stufe 2, Umluft 160 °C) etwa 75 Minuten backen. Herausnehmen, auskühlen lassen, mit Puderzucker bestäuben.

# Stollen, Strudel, Napfkuchen

## Quarkstollen

500 g Mehl
1 Päckchen Backpulver
150 g Zucker
2 Eier
1 TL abgeriebene, unbehandelte Zitronenschale
1 Prise Salz
250 g abgetropfter Speisequark
4 EL Rum
125 g Butter
150 g Sultaninen
50 g Zitronat
50 g Orangeat
125 g gehackte Mandeln

**Außerdem**

100 g weiche Butter
150 g Puderzucker

Mehl und Backpulver vermischen und in eine Schüssel sieben. In die Mitte eine Vertiefung drücken. Zucker, Eier, Zitronenschale und Salz in die Vertiefung geben, mit etwas Mehl vermischen. Mit Quark, Rum und Butter zu einem festen Teig kneten. Die Sultaninen waschen, trockentupfen und in Mehl wälzen. Zusammen mit fein geschnittenem Zitronat und Orangeat sowie den Mandeln unterkneten. 1 Stunde kühl stellen.

Den Teig auf bemehlter Fläche durchkneten, zu einem Rechteck mit wulstigen Längsenden ausrollen, übereinander klappen und in Stollenform bringen. Ein Backblech einfetten, den Quarkstollen darauf legen. Im vorgeheizten Backofen bei 200 °C (Gas: Stufe 3, Umluft 180 °C) etwa 55 Minuten backen. Den Stollen herausnehmen, sofort mit Butter bestreichen und dick mit Puderzucker bestäuben.

## Quarkstollen mit Mohnfüllung

150 g Sultaninen
50 g Zitronat
50 g Orangeat
500 g Mehl
1 Päckchen Backpulver
125 g Zucker
2 Eier
1 TL abgeriebene, unbehandelte Zitronenschale
100 g weiche Butter
250 g abgetropfter Speisequark
1 Prise Salz
125 g gehackte Mandeln

**Für die Füllung**

300 g gemahlener Mohn
1/8 l Milch
100 ml Sahne
2 Eier
100 g Zucker
100 g gehackte Mandeln
2 EL Rum

**Außerdem**

50 g weiche Butter
Puderzucker

Für den Teig die Sultaninen waschen und trockentupfen. Zitronat und Orangeat in kleine Würfel schneiden. Mehl und Backpulver vermischen und in eine Schüssel sieben, in die Mitte eine Vertiefung drücken. Zucker, Eier, Zitronenschale, Butter, Quark und Salz in die Vertiefung geben. Alle Zutaten gut verkneten. Die Sultaninen in Mehl wälzen und mit dem Zitronat, dem Orangeat und den Mandeln in den Teig einarbeiten. Den Teig 1 Stunde kalt stellen.

Für die Füllung den Mohn in eine Schüssel geben. Milch und Sahne erhitzen, den Mohn damit überbrühen. Auskühlen lassen. Eier, Zucker, Mandeln und Rum unterrühren. Den Teig auf bemehlter Fläche ausrollen, mit der Mohnmasse bestreichen und aufrollen. Ein Backblech einfetten, die Mohnrolle mit der Teignaht nach unten auflegen. Im vorgeheizten Backofen bei 200 °C (Gas Stufe 3, Umluft 180 °C) etwa 1 Stunde backen. Herausnehmen, sofort mit Butter bestreichen und dick mit Puderzucker bestäuben.

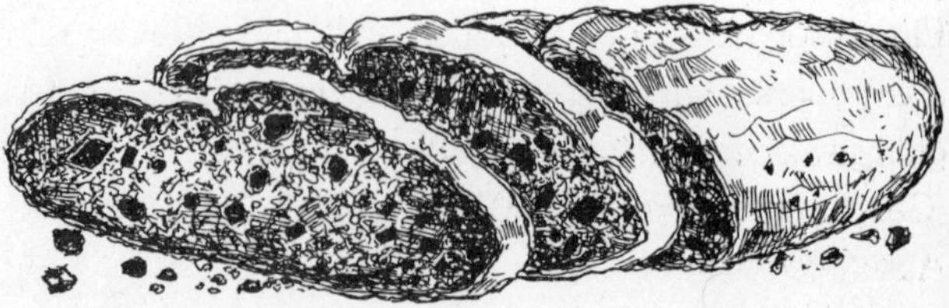

# Quark-Napfkuchen

125 g Sultaninen
3 EL Rum
150 g Butter
200 g Zucker
4 Eier (getrennt)
1/2 TL abgeriebene, unbehandelte Zitronenschale
150 g abgetropfter Speisequark
4 EL Milch
350 g Mehl
50 g Speisestärke
1 Päckchen Backpulver

**Außerdem**

1 EL Semmelbrösel

Die Sultaninen sorgfältig waschen, trockentupfen und mit dem Rum beträufeln. Anschließend in einer großen Schüssel Butter und Zucker schaumig rühren. Die Eigelbe, die Zitronenschale, Quark und Milch langsam unterrühren.

Das Mehl, die Speisestärke und das Backpulver vermischen und nach und nach einrühren. Die Sultaninen in Mehl wälzen und einrühren. Das Eiweiß steif schlagen und vorsichtig unterheben.

Eine Napfkuchenform einfetten und mit Semmelbröseln ausstreuen. Den Teig einfüllen, gleichmäßig verteilen, glatt streichen und im vorgeheizten Backofen bei 200 °C (Gas Stufe 3, Umluft 180 °C) etwa 1 Stunde backen. Auskühlen lassen.

# Aschkuchen mit Zitronenglasur

100 g Sultaninen
4 EL Weinbrand
150 g Butter
200 g Zucker
1 Prise Salz
1 TL abgeriebene, unbehandelte Zitronenschale
3 Eier
250 g abgetropfter Quark
2 EL saure Sahne
400 g Mehl
1 Päckchen Backpulver

**Für die Glasur**

200 g Puderzucker
2 EL Zitronensaft
1 TL weiche Butter

**Außerdem**

1 EL Semmelbrösel

Die Sultaninen waschen, trockentupfen und mit dem Weinbrand beträufeln. In einer Schüssel die Butter schaumig schlagen. Zucker, Salz, Zitronenschale einrühren. Nach und nach Eier, Quark und saure Sahne unterrühren. Mehl und Backpulver vermischen, darüber sieben und unterheben. Die Sultaninen in Mehl wälzen und zum Teig geben. Eine Aschkuchenform (Napfkuchenform) einfetten, mit Semmelbröseln ausstreuen, den Teig einfüllen, glatt streichen und bei 200 °C (Gas Stufe 3, Umluft 180 °C) etwa 1 Stunde backen. Herausnehmen, etwas auskühlen lassen, auf ein Kuchengitter setzen. Für die Glasur den Puderzucker sieben, mit Zitronensaft und Butter verrühren. Den Aschkuchen damit überziehen.

# Gugelhupf

100 g Sultaninen
5 EL Rum
200 g weiche Butter
1 Prise Salz
1 TL abgeriebene, unbehandelte Zitronenschale
150 g Zucker
2 Eier
150 g Schmand
800 g abgetropfter Quark
500 g Mehl
1 Päckchen Backpulver

**Außerdem**

3 EL Zwiebackbrösel
125 g Johannisbeergelee
250 g Puderzucker
1 EL Zitronensaft
1 TL Eiweiß

Die Sultaninen waschen, trockentupfen und mit dem Rum beträufeln. In einer Schüssel die Butter mit dem Salz, der Zitronenschale und dem Zucker schaumig schlagen. Nach und nach Eier, Schmand und Quark einrühren. Mehl und Backpulver vermischen und ebenfalls nach und nach einrühren. Die Sultaninen in Mehl wälzen und unterrühren. Eine Gugelhupfform einfetten und mit Zwiebackbröseln ausstreuen. Den Teig einfüllen. Im vorgeheizten Backofen bei 200 °C (Gas Stufe 3, Umluft 180 °C) etwa 1 Stunde backen. Herausnehmen, in der Form auskühlen lassen und den Gugelhupf auf ein Kuchengitter stürzen. Das Johannisbeergelee leicht erwärmen, den Gugelhupf damit ringsum bestreichen. Den Puderzucker sieben, mit Zitronensaft und Butter verrühren, den Gugelhupf damit überziehen.

## Frühstückskuchen

100 g weiche Butter
180 g Zucker
1 Prise Salz
1 TL abgeriebene, unbehandelte Zitronenschale
4 Eier
300 g abgetropfter Speisequark
100 ml Milch
250 g Mehl
50 g Speisestärke
1 Päckchen Backpulver
125 g gemahlene Mandeln

**Außerdem**

1 EL Semmelbrösel
Puderzucker

In einer Schüssel Butter, Zucker, Salz und Zitronenschale schaumig schlagen. Nach und nach die Eier unterrühren, Quark und Milch dazugeben. Mehl, Speisestärke und Backpulver vermischen, auf die Quarkmasse sieben und mit den Mandeln unter den Teig rühren. Eine Kastenform einfetten, mit Semmelbröseln ausstreuen, den Teig hineingeben und glatt streichen. Bei 200 °C (Gas Stufe 3, Umluft 180 °C ) etwa 1 Stunde backen. Herausnehmen, noch einige Minuten in der Form lassen.

Dann aus der Form lösen und auf ein Kuchengitter setzen. Mit Puderzucker bestäuben.

## Kastenkuchen

250 g abgetropfter Quark
50 g Zitronat
100 g weiche Butter
125 g Zucker
1 Prise Salz
2 Eier
1 TL abgeriebene, unbehandelte Zitronenschale
50 g gehackte Mandeln
250 g Mehl
2 TL Backpulver

**Außerdem**

50 g Butter
100 g Puderzucker

Den Quark durch ein Sieb in eine Schüssel streichen. Das Zitronat in kleine Würfel schneiden. Butter, Zucker, Salz, Eier, Zitronat, Zitronenschale und Mandeln mit dem Quark verrühren. Mehl und Backpulver vermischen und unterziehen. Eine Kastenform einfetten, den Teig hineingeben und bei 200 °C (Gas Stufe 3, Umluft 180 °C) etwa 50 Minuten backen. Herausnehmen, einige Minuten in der Form lassen, dann auf ein Kuchengitter setzen. Mit Butter bestreichen und mit Puderzucker bestäuben.

## Quarkstrudel

**Für 4 kleine Strudel**
1/4 l Milch
80 g Butter
80 g Zucker
500 g Mehl
1 Prise Salz
1 Ei

**Für die Füllung**
800 g abgetropfter Quark
2 Eier
100 g Zucker
1 Prise Salz
1/4 l Sahne
50 g zerlassene Butter
100 g Sultaninen

**Außerdem**
1/8 l Milch
80 g zerlassene Butter

Milch mit Butter und Zucker aufkochen, abkühlen lassen. Mehl in eine Schüssel sieben, Salz zugeben, in die Mitte eine Vertiefung drücken. Ei und Milch-Mischung dazugeben. Den Teig kneten, bis er Blasen wirft. In vier Stücke teilen; 1 Stunde ruhen lassen. Die Teigstücke auf einem bemehlten Tuch ausrollen und hauchdünn ausziehen. Den Quark mit Eiern, Zucker, Salz und Sahne verrühren. Die Teigplatten mit zerlassener Butter bepinseln, mit Quarkmasse bestreichen und mit Sultaninen bestreuen. Die Strudel von der Längsseite her aufrollen. Eine feuerfeste Form einfetten, die vier Strudel hineinlegen und bei 200 °C (Gas Stufe 3, Umluft 180 °C) 45 Minuten backen. Ab und zu mit Milch und Butter begießen.

# Topfenstrudel

500 g Mehl
1 Prise Salz
1 Ei
1/4 l Milch
1 EL Butter
4 Eier
1/8 l Sahne
100 g Zucker
1 Prise Salz
1 TL abgeriebene, unbehandelte Zitronenschale

**Für die Füllung**
3 Milchbrötchen
1/4 l Milch
750 g abgetropfter Speisequark
100 g weiche Butter
100 g Sultaninen

**Außerdem**
Etwas Milch

Das Mehl in eine Schüssel sieben, das Salz zugeben, in die Mitte eine Vertiefung drücken, das Ei und die Milch in die Vertiefung geben und von der Mitte her die Zutaten kräftig durchkneten, bis der Teig Blasen bekommt. Den Teig zu einer Kugel formen, mit zerlassener Butter bestreichen. Zugedeckt 1 Stunde ruhen lassen.
Für die Füllung die Milchbrötchen in Würfel schneiden und in der Milch einweichen. Den Quark durch ein Sieb in eine Schüssel streichen und mit Butter, Eiern, Sahne, Zucker, Salz und Zitronenschale verrühren. Die Sultaninen waschen, trockentupfen und zusammen mit der

Milchbrötchenmasse unterrühren. Ein Tuch mit Mehl bestäuben. Den Teig darauf hauchdünn ausrollen, danach über den Handrücken ausziehen, bis er durchsichtig ist. Die Quarkmasse aufstreichen. Den Strudelteig mit Hilfe des Tuches von der Längsseite her aufrollen. Ein Backblech einfetten, die Strudelrolle auflegen. Mit Milch bestreichen. Im vorgeheizten Backofen bei 200 °C (Gas Stufe 3, Umluft 180 °C) etwa 45 Minuten backen. Herausnehmen, auf dem Backblech auskühlen lassen.

## Fruchtrolle

150 g abgetropfter Speisequark
1 Ei
6 EL Milch
1/8 l Öl
100 g Zucker
1 Päckchen Vanillezucker
1 Prise Salz
300 g Mehl
2 TL Backpulver

**Für den Belag**

80 g weiche Butter
1 EL Grieß
2 Eier
3 EL Zucker
1 EL Speisestärke
1 EL Weinbrand
125 g gehackte Mandeln
1 kg entsteinte Sauerkirschen

**Außerdem**

200 g Aprikosenkonfitüre
4 EL Weinbrand
150 g Puderzucker

Für den Teig den Quark durch ein Sieb in eine Schüssel streichen. Ei, Milch, Öl, Zucker, Vanillezucker und Salz einrühren. Mehl und Backpulver vermischen und nach und nach in den Teig einarbeiten. Gut durchkneten. Den Teig auf bemehlter Fläche zu einem Rechteck ausrollen, mit Butter bestreichen und mit Grieß bestreuen. Eier, Zucker und Speisestärke verschlagen, Weinbrand und Mandeln unterrühren. Die abgetropften Sauerkirschen auf den Teig geben und mit der Eiermasse übergießen. Den Teig aufrollen. Ein Backblech einfetten, die Fruchtrolle auflegen. Im vorgeheizten Backofen bei 200 °C (Gas Stufe 3, Umluft 180 °C) etwa 50 Minuten backen. Herausnehmen, auskühlen lassen.
Die Konfitüre durch ein Sieb streichen, etwas erwärmen, mit Weinbrand vermischen und die Fruchtrolle damit überziehen. Mit Puderzucker bestäuben.

## Über dieses Buch

**Die Autorin** Oda Tietz hat Germanistik studiert und danach als Journalistin gearbeitet. Seit 20 Jahren konzentriert sie sich jetzt auf den Bereich Kochen und Ernährung. Ergebnis dieser Tätigkeit ist eine Vielzahl höchst erfolgreicher Kochbücher. Oda Tietz lebt in Leipzig.

**Haftungsausschluss** Die Inhalte dieses Buches sind sorgfältig recherchiert und erarbeitet worden. Dennoch kann weder der Autor noch der Verlag für die Angaben in diesem Buch eine Haftung übernehmen.



Weltbild Buchverlag

1. Auflage 2001


Projektleitung: Dr. Ulrike Strerath-Bolz
Redaktion: Susanne Haffner und Annette Gillich
Umschlag: Lydia Koch
Titelbild: Food Archiv, München: Fischer
Layout: Nina Engel
Illustrationen: Beate Brömse
DTP/Satz: Lydia Koch
Druck und Bindung: Ebner Ulm

Gedruckt auf chlorfrei gebleichtem Papier
Printed in Germany

ISBN 3-89604-291-2

## Rezeptverzeichnis